Wenn weniger mehr ist

Rainer Otte

Wenn weniger mehr ist

Philosophie der Bescheidenheit

PARODOS

Bibliografische Information der Deutschen Bibliothek
Die Deutsche Bibliothek verzeichnet diese Publikation in der Deutschen Nationalbibliografie; detaillierte bibliografische Daten sind im Internet über http://dnb.ddb.de abrufbar.

Umschlag: MetaLexis, Niedernhausen
Druck: Poligrafia Janusz Nowak, Poznań
Printed in Poland

ISBN: 978-3-938880-52-4

www.parodos.de

Inhalt

Vorwort

Bescheidenheit gewinnt angesichts diverser Skandale in Politik und Wirtschaft um Orientteppiche, Klinkerhäuser oder vergnügliche Dienstreisen an Aktualität. Standen Unersättlichkeit, Gier und Abgreif-Mentalität lange auf der Agenda, machen nun Worte wie Demut und Bescheidenheit die Runde.

Diese Begriffe klingen zunächst nach einem ganz gemütlichen Programm. Man ist mit wenigem zufrieden und erspart sich so eine Menge Ärger. Die Idee ist ganz einfach: Wer nicht zu hoch hinaus will, verringert die Gefahr, tief abzustürzen. So bleibt der Schuster bei seinen Leisten und das Leben geht seine gewohnten Bahnen, während ringsumher die Angebote immer schriller und die Zeiten immer verrückter werden. Man muss ja nicht jedem Trend hinterhersegeln und bleibt in seinem überschaubaren Hafen.

In manchen Stunden nagt dann aber doch der Zweifel, ob das bescheidene Leben nicht gar zu langweilig, zu beschränkt wird. Warum soll man eigentlich verzichten, während andernorts die Sektkorken knallen? Wozu diese ganze Bescheidenheit? Wem nützt ein Leben, aus dem alle Farben ausgeblichen sind? Man gerät in einen Strudel von Gedanken und sucht vielleicht nach einem Buch, das eine kritische Orientierung bietet.

Ein Epigramm, das mittlerweile 800 Jahre auf dem Buckel hat, weht als Motto durch die folgenden Seiten:

> „Dass in der Welt Bewegung sei,
> drum bleiben die Gedanken frei."
> (Freidank, Bescheidenheit, 161)

Der das damals aufgeschrieben hat, nannte sich Freidank. Im Mittelalter war sein Buch über Jahrhunderte weit verbreitet. Über ihn selber wissen wir nicht viel. Er war ein gebildeter Magister und nichtadeliger Mann, der einiges von der Welt gesehen hat. Dass sich da jemand schon mit der Wahl seines Namens zum Freidenker erklärt, war und ist für deutsche Verhältnisse recht außergewöhnlich. Freidank verdanken wir das erste Buch über die Bescheidenheit wie auch die Prägung dieses deutschen Wortes.

> „Wer stets nur seines Reichtums Knecht,
> der zählt zum Knechtestand zu Recht."
> (Freidank, Bescheidenheit, 75)

Dieser Bescheidenheit geht es um Befreiung. Sie ist keine Weisheit, die nur um sich selber kreist und unbeteiligt alles süffisant kommentiert, was ihr so vor die Nase kommt. Sie will den Menschen auch nicht kleinreden wie die Prediger des Verzichts.

Von deren Wirken ist unsere Kultur- und Denkgeschichte übervoll. Die Wächter der Tugend wiesen dem Bescheidenen gern die miserablen Plätze in der Gesellschaft zu. Dort konnten sie ihre Tugend üben. Verkünder des religiösen Seelenheils betrieben über Jahrhunderte eine florierende Wechselstube: Erst der Verzicht auf die Güter dieser Welt schafft den ewigen Reichtum im Himmel. Das schlechte Leben lohnt sich, denn der Tag wird kommen, wo alles in himmlischer Münze zurückgezahlt wird.

Wo aber die Lust zum Teufel geschickt wird, folgt der Kopf bald hinterher. Wache Geister, etwa Nietzsche oder Freud, konnten in dem bescheidenen Gehabe ihrer Zeitgenossen noch diesen Schwefeldampf riechen. Sie zogen die egoistischen Possenspiele, die man hinter den gutbürgerlichen Fassaden verbergen wollte, ins helle Licht ihrer Kritik. Wir müssen heute etwas Ähnliches tun, nur in ganz anderer Richtung. In der globalisierten Welt wird nicht nur Überfluss produziert, sondern auch grässlicher Hunger. Unbescheidenheit kann der Agent der Kriege sein und der Grund der massiven Ausplünderung von Menschen und Regionen.

Die Rede von der Bescheidenheit muss zu Beginn unseres Jahrtausends wahrlich anders klingen als in antiken Zeiten eines Sokrates oder eines Epiktet. Damals loteten Philosophen aus, was Bescheidenheit zur Ruhe und zur Reife der Seele beitragen könne. Sie fanden eine ganze Menge. Kaum eine philosophische Lebenskunst verzichtete darauf, die Bescheidenheit in ihren wohlausgedachten Dienst zu nehmen. Heute sind wir genötigt, uns dem Problem zu stellen, wie schrumpfende Ressourcen im Weltmaßstab gerecht verteilt werden können. Irgendwann kommt für jeden Einzelnen die Frage hinzu: Was brauche ich eigentlich? Will ich, was ich habe? Ist es mir egal, dass andere dafür mit Armut und unwürdigen Lebensverhältnissen bezahlen?

Die Frage nach der Bescheidenheit ist eine veritable Unruhestifterin geworden. Das bedeutet keinesfalls, dass man ihre Denkgeschichte zu den Akten legen sollte. Man kann aus ihr Erstaunliches lernen und wird sich immer wieder wundern, wie lebendig diese zu Klassikern einbalsamierten Denker sind. Sokrates bleibt unser Gesprächspartner wie auch ein Immanuel Kant. Auch davon handelt dieses Buch. Es geht auf Entdeckungsreisen. Nicht nur an Brennpunkten der Philosophiegeschichte lohnt es sich, Halt zu machen. Unsere alltäglichen Lebenswelten geben ebenfalls Stoff zum Nachdenken – und das in recht unbescheidener Überfülle. Die Skizzen, Essays und Aphorismen dieses Buches gehen auf die Suche nach dem Sinn und Unsinn der Bescheidenheit.

Teil 1

Zwölf Skizzen, die die Frage vorlegen, was Bescheidenheit sei, sie aber keinesfalls schon beantworten

1. Das Lachen der Bäuerin

Aufgewachsen ist er im abgetrennten Teil eines Kuhstalls; die Familie war bettelarm und kinderreich. Zu lachen gab es nicht viel, aber manchmal, wenn seiner Mutter dieses leise in sich selbst glucksende Lachen entglitt, muss es ihn getroffen haben. Er machte Karriere, leitete große Unternehmen, war Gast in französischen Schlössern; Namen von Präsidenten und Ministern fielen in seine Biographie. Nie hat er begriffen, dass er reich war; man musste ihn daran erinnern. Im Repräsentieren war er nicht gut. Aber die Tugend des Kuhstalls konnte er nicht vergessen, wo er die Schularbeiten erst nach der Feld- und Stallarbeit im Schein einer müde flimmernden Birne machen konnte. Später lebten die Ärzte von dem Raubbau an seinem Leben und stopften ihn mit Medikamenten und unsinnigen Vorschlägen voll: Pille Hü zum Arbeiten, Pille Hott zum besinnungslosen Schlaf, der sich bald gar nicht mehr einstellen wollte. Einer seiner letzten Spaziergänge führte an einem verfallenen Schuppen vorbei. Er konnte den Blick von ihm nicht abwenden und träumte vom Beginn des neuen Lebens; eine so rapide Entwertung von allem, was man für Geld kaufen kann, hat noch nie stattgefunden. Bis zu seinem frühen Tod gab es diese Momente, wo ihm ein glucksendes Lachen entfuhr, als hätte sich seine Mutter in seiner Brust verkrochen, um gemeinsam so leise zu lachen, dass kein anderer es hören sollte. Denn zu lachen gab es nicht viel.

2. Die Fragen und der Staatspreis

Dass er der würdige Professor war, konnte ihm jeder ansehen; seine Höflichkeit schien einer anderen Zeit anzugehören oder in einer Welt zu spielen, die man in Büchern suchen müsste. Immerfort fragte er seine jungen Besucher aus dem Land des Massenmordes an seinem Volk. Jede seiner Fragen zauberte und machte die Antwort wichtig. Man musste genau zuhören. Von sich erzählte er wenig, und auch das Wenige war oft aus der weit entfernten Zeit genommen, da er noch als Chemiker in Palästina arbeitete, lange vor der Gründung des Staates Israel, dem seine humanistischen Hoffnungen galten. Es dauerte einige Zeit, bis seine Besucher gelernt hatten, ihm die Fragen zu stellen, auf die er vielleicht nicht gewartet hatte. Der berühmte Professor zeigte ihnen sein Institut und seine Forschungen, welche die Würde unzähliger Menschen aufbewahrten. Sein Archiv fand Platz in den Kellerräumen der Universität in unmittelbarer Nähe zum Altpapier. Sein Blick ruhte auf den Aufschrieben mit der Zärtlichkeit, als seien die Menschen, die er jahrelang befragt hatte, in diesem Augenblick lebendig geworden und sängen immer noch die Lieder, die er mit ihnen gesungen und für die Nachwelt aufgezeichnet hatte. Die politische Entwicklung seines Landes war ihm seit dem Jom-Kippur-Krieg fremd geworden, seine Forschungen fanden keine Fortsetzung. Er hielt an ihnen fest und wird, als ihm wenige Wochen vor seinem Tod unerwartet ein wichtiger Staatspreis verliehen wurde, wohl an die Menschen gedacht haben, deren Gedächtnis sie retten sollten.

3. Sie haben gar kein Auto?

Ausgerechnet er kam als Journalist einer Zeitung daher, die für gediegene und konservative Bürgerlichkeit stand. Seine Kleidung sah nicht danach aus. Seine Sprache verfehlte die eingeschliffenen Formen und Ausdrücke, welche die Teilnehmer der Wirtschaftstagung als Ausweis der Zugehörigkeit zu Ihresgleichen unterstellten. Absatzsteigerung und Markenkommunikation war das Thema, zu dem schon seine Hose nicht passen wollte. Man begegnete ihm mit scherzender Zuneigung, die den Verdacht überspielen sollte, dass mit ihm das personifizierte Gegenprogramm erschienen war. So wurde er, der Zeiten der Armut hinter sich hatte und ihnen einigen Stolz auf seine Selbständigkeit verdankte, zum gesuchten Gesprächspartner. Aus vielerlei Gründen mochte er weder teure Kleidung noch Autos. Zur Zeit des Abschiedsessens hatte er in Erfahrung gebracht, welche Teilnehmer sich auf den Weg in seine Heimatstadt machen werden. Seine Frage, ob sie Anhalter mitnähmen, führte in der Runde zu einem gewaltigen Heiterkeitsausbruch. Während der langen Rückfahrt in einer luxuriösen Karosse lernte er einen der Teilnehmer besser kennen. Die Gesprächsthemen wechselten. Beiden schien der Gedanke gar nicht abwegig, dass der Hunger, der noch vor 100 Jahren in Europa wütete, wieder zurückkäme. Ihre Unterhaltung stockte, schien aber im Stummen weiterzugehen.

4. Der Schnittlauch

Er hatte die Grube eigenhändig ausgehoben und das Haus selber gebaut. Im Krieg schwer verletzt, hatte er das Glück, die Vertreibung mit seiner Familie zu überleben. Nun lebte er mit seiner Frau in einer erbärmlichen Wohnung; mehr wollte er nicht. Man hörte nur den Glockenschlag der Uhr der Dorfkirche und das Ticken der Kuckucksuhr. Einen Fernseher gab es nicht, das alte Radio stand wohl nur zur Dekoration da. Außer dem knisternden Ofen, auf dem auch gekocht wurde, war jedes Geräusch ein von ihm und seiner Frau selbst gemachtes. An Sommerabenden ging er in den Garten des Nachbarn. Der hatte ihm erlaubt, etwas Schnittlauch anzubauen. Mit einer stillen Geste, die seine Seele in die Hände legte, trennte er die Halme ab, brachte sie in die Küche und legte sie auf das kleine alte Resopalbrettchen. Er schnitt sie mit einer ungeheuren Ruhe klein, ganz als bliebe die Zeit in diesem Moment stehen, und streute sie schweigend auf sein Brot. Bei jedem Bissen schien er etwas zu schmecken und in sich zu spüren, das ihn lächeln ließ. Nie habe ich ihn so glücklich gesehen wie in diesen Augenblicken.

5. Der Konsumschock

Das Thermometer fiel auf unter minus 35 Grad. Die Heizung seines Zimmers mit der eingeschlagenen Scheibe schaffte es gerade, das eigene Einfrieren zu verhindern. Das braune Wasser aus der Leitung roch nach Diesel und Chemikalien. Morgens gab es eine Scheibe Brot und ein paar geraspelte Karottenstücke. Das musste für den ganzen Tag reichen, an dem er mit seinem Kamerateam unterwegs war. Wichtiger war ihm, den Geheimdienst, der sie gleich nach Ankunft unter Hausarrest stellen wollte, mit windigen Argumenten abgeschüttelt zu haben. Die Regale in den Läden waren leer, er dachte bald kaum noch an das permanente Hungergefühl und wunderte sich, dass man das so schnell vergessen kann. Den Menschen überall ging es nicht anders; viele hungerten, ohne dass man ihren Hunger sah. Er hatte die wenigen Stücke Schokolade, die er als eigene Notration aus seiner Überflussheimat in die Hungerregion mitgebracht hatte, an Kinder verteilt. In ihren Augen blitzte etwas auf, das er nie vergessen sollte. Jetzt wusste er, dass das kleine Stückchen Schokolade für einen winzigen Moment eine andere Welt entstehen lassen kann, und er fragte sich, wann er das selber zum letzten Mal erfahren hatte und ob das in seinem Leben überhaupt jemals vorgekommen war. Auf dem Rückflug stellte ihm ein solariumgebräunter Steward ungefragt Essen hin. Warmes, frisches Essen! Und Schokolade! Im Reflex packte der Heimkehrer die Schokolade weg, er spürte die Kinder noch um sich.

6. Der Arbeitssüchtige

Glänzende Zeugnisse hatte er, lange Zeiten musste er den hochqualifizierten und billig bezahlten Praktikanten spielen. Seine Bewerbungen wurden zu wahren Verheißungen für die Arbeitgeber, und er musste nicht einmal lügen: Sein ganzes Leben hatte er auf diese verantwortungsvolle und hochdotierte Stelle hingearbeitet. Je ferner sie in den enttäuschenden Jahren rückte, umso umfangreicher wurden seine Phantasien und Vorplanungen, was er noch alles anbieten und leisten wollte. Er bekam die Stelle, wurde beim Wort genommen und willigte insgeheim ein, sich ständig zu übertreffen. Aus Freiwilligkeit wurde Zwang, aus Arbeit die Sucht des Immer-Mehr-Arbeiten-Wollens. Seine Getriebenheit trieb die ihm unterstellten Mitarbeiter an. Die ganze Abteilung befand sich bald in einem permanenten Kriegszustand. Die propagierten Ziele glichen dem Verhalten eines verrückten Fieberkranken, der glaubt, seine Krankheit durch das Aufdrehen der Heizung nicht mehr spüren zu müssen. Die bescheidene Frage, wie geht's, war verboten, wenn ihr nicht ein etwas überlautes „gut!" sicher war, gefolgt vom Anlegen der Sprungfedern, mit denen jeder beweisen musste, höher zu springen als die zugemuteten Arbeitsberge und schneller zu sein als der andere. Feierabend war Feiernacht geworden; müde und aufgeputscht stieg er in sein neues Auto. In früheren Zeiten plagte ihn bei größeren Anschaffungen regelmäßig das unsichere Gefühl, ob er sich das Richtige gekauft hatte. Der rettungslose Fluss, in dem er jetzt trieb, brachte es endlich zum Schweigen.

7. Der Ölfleck

Die ganze Welt versinkt im Dreck und im strahlenden Müll; die Kriegs- und Beutezüge der Nimmersatten sind durch keine Protestbewegung zu stoppen, die konsumgeile Gesellschaft gebiert Monstren. Wohin also? Man „macht" ein Studium, aber nicht wirklich. Mit dem Gefühl des neuen Emigranten, der als Teil der wissenden Wenigen die letzten Sonnenstrahlen des Planeten einfangen geht, ist der Abbruch Programm geworden. Der Argumente sind zu viele, man versteht sich sowieso auf den ersten Blick. Die von der Zukunft und der Vergangenheit aufgegebenen kleinen Dörfer und Höfe entwickeln eine magische Anziehungskraft. Ohne große Worte ist man im anderen Leben, sobald man in das alte Gemäuer einzieht und den billig erworbenen Trecker anwirft. Ein unbeschreibliches Gefühl. Man ist stolz auf den Ölfleck an der Küchenwand: Draußen war der Trecker zu reparieren, man hat es geschafft. Ölverschmiert kam man zurück und wollte das Zeichen des Triumphes nicht aus den Haaren waschen, sondern verewigen. Nichts hatte man und jedem alten wackeligen Möbelstück – immerhin echtes Holz – kam eine zivilisationskritische Bedeutung zu. Der Joint kreiste nicht anders als in der Studentenbude, die politischen Diskussionen in der Gruppe profitierten davon, dass man in die Avantgarde derer aufgestiegen war, die „verstanden" hatten, die konsequent und konsumresistent waren. Nach drei Monaten wusste niemand mehr so recht, was er auf dem Hof sollte, nach sechs Monaten stand dieser wieder leer. Die Käufer, echte Landwirte, wunderten sich über den merkwürdigen Flecken an der Wand.

8. Die polnische Madonna

Ihre Familie kam aus der Umgebung von Tschenstochau, dem polnischen Wallfahrtsort mit der berühmten schwarzen Madonna. Sie heiratete glücklich, aber den falschen Mann. Die katholische Kirche schloss sie daraufhin aus und damit ihr Leben zu. Man kannte sie als altes Mütterlein, die, den Kopf unter einem schmutzig erscheinenden Tuch fast verbergend, unruhig um die Kirche zog und wenigstens den gelegentlichen Gruß eines Kaplans einfing, der ihre Geschichte noch nicht kannte. Eines ihrer Lieblingsworte war: herzensgut. Sie hatte ihre Herzensgüte bis ins Extrem getrieben, als gebe es nur andere Menschen auf der Welt und sie sei deren geborene Dienerin. Tatsächlich schien sie aus der Freude derer, die sie bekochte, umsorgte und mit einer ungeheuren Aufmerksamkeit bedachte, ein inneres stilles Glück zu ziehen, das niemand sich erklären konnte. Ihre Armut schien Ausdruck eines Geheimnisses zu sein. Als sie im Alter für mehrere Tage das Bewusstsein verlor, rätselten die Ärzte und konnten sie im Krankenhaus gar nicht genug untersuchen. Sie lehnte alles ab, was ihr schicklich ablehnbar erschien, und drehte sich zur Wand. Sie galt als nicht mehr ansprechbar und dennoch als eine Patientin, die erfreulicherweise nur minimal betreut werden musste. Der Reihe nach schien sie sich von den Mitgliedern ihrer Familie zu verabschieden, aber niemand konnte verstehen, dass sie ab diesem Zeitpunkt jeden Kontakt verweigerte und sich zur Wand drehte. Bei jedem dieser Abschiede leuchteten ihre Augen in einer Zärtlichkeit, die den wartenden Tod in der Wand überstrahlte.

9. Der Kaffee im Morgengrauen

Leise hatte er in der einsetzenden Abendkühle sein kleines Motorrad aus der Einfahrt geschoben und den Schlafsack auf den Gepäckträger geschnallt. Seine Eltern hatten anderes zu tun und würden nicht bemerken, dass er sich mitten in der Schulzeit davonschlich. Im letzten Tageslicht passierte er die Grenze, kurz vor Mitternacht fuhr er durch die Gassen an den Grachten von Amsterdam. Geld hatte er wenig. Die Zeit hatte er vergessen. Auf einmal fragte seine abgrundtiefe Müdigkeit: Wo sollte er schlafen? Er machte sich auf den Weg in Richtung Norden durch den dicken Nebel, der wie eine weiße kalte Wand über der Landschaft lag. Alles war klatschnass, als er die Küste erreichte, seinen klammen Schlafsack nahm und in den Dünen ausrollte. Er zitterte. Da an Schlaf nicht zu denken war, ging er an den Strand und setzte sich für einige Stunden zu einem freundlichen alten Angler. Sie redeten wenig, doch merkwürdigerweise hörte das Zittern auf. Später fand er ein wenig Schlaf, aus den ihn wieder die kühlen Brisen des anbrechenden Tages rissen. Er setzte sich auf sein Motorrad und fand in einem Dorf eine geöffnete Gaststätte. Für einen Kaffee reichte es. Er war heiß. Jeder Tropfen schien eine Erlösung. Er erschrak beinahe davor, was dieser Kaffee beinhaltete, und trank ihn in den kleinen Schlücken, die er sich in diesem einzigen Moment für sein Leben angewöhnt hatte.

10. Zahnschmerzen

Es waren glückliche Ferienzeiten bei seinen Großeltern; nie sollten sie zu Ende gehen. Zuhause warteten sowieso nur Langeweile und teilnahmslose Geschäftigkeit. Die Zahnschmerzen wurden jeden Tag schlimmer. Seine Mutter wäre sofort mit ihm zum Zahnarzt gerannt, so wie sie bei allem, was ihr nicht geheuer schien – und das war vieles – etwas panisch reagierte und die Ärzte beschäftigte. Im Dorf seiner Großeltern gab es keinen Zahnarzt; sie wussten nicht einmal, wo sich der nächste befindet. Er wollte die Zeit seines Glücks trotz Zahnschmerzen nicht verkürzen und fuhr nicht nach Hause. Sein

Opa, der selber kaum noch Zähne im Mund hatte und aus Erfahrung sprach, wusste, was zu tun ist. Jeden Abend durfte der Junge mit dem Inhalt eines Gläschens Schnaps den schmerzenden Zahn umspülen. So hätte man das früher gemacht, und das helfe. Die Vorstellung, etwas gegen die Schmerzen tun zu können, hatte etwas Beruhigendes. Noch wichtiger wurde dem Jungen, die aufgeregte Zwangsgemeinschaft derer zu verlassen, die ohne die ständige Verfügbarkeit der Medizin nicht hätten ruhig leben können. Die Schmerzen hörten nicht auf, aber alles schien besser zu werden. Er konnte mit ihnen umgehen und hatte die Angst, die sich schon beim ersten, noch kaum spürbaren pochenden Schmerz einstellte, hinter sich gelassen. Selbst diesem Schmerz, dem intensivsten, den er je erlebt hatte, war er nicht mehr schutzlos ausgeliefert. Sofort nach seiner Heimkehr wurde ihm der an der Wurzel vereiterte Zahn gezogen. Der Zahnarzt sagte, angesichts der zu erwartenden Schmerzen seien Spritzen nicht genug, und gab ihm Lachgas. Die Wirkung amüsierte den Jungen; er schwebte aus seinem Körper und sah von oben unbeteiligt zu, wie der Zahnarzt die Zange nahm. Etwas in ihm lachte, und er erkannte ein unnennbares Gefühl wieder, das er in den Ferien kennen gelernt hatte.

11. Wittgensteins Axt

Er stand kurz davor, einen neuen Flugzeugpropeller zu erfinden und hatte sich in seinem Erstlingswerk, dem *Tractatus logico-philosophicus*, die Gewissheit erschrieben, die Probleme der Philosophie gelöst zu haben. Die Börse zitterte, wie Karl Kraus schrieb, vor der Industriellenfamilie der geadelten Wittgensteins. Ludwig Wittgenstein verschenkte alles; sein Erbe galt ihm so wenig wie die nach dem Kriege zerfallene Kultur Österreichs. Mit seinem Geld sollten die Dichter eine neue erfinden. Er wurde Volksschullehrer auf dem Lande und führte das einfache und moralisch anspruchsvolle Leben, das seine Seele mit Tolstoi ausgemacht hatte. In Trattenbach wunderten sich die Bauern und Arbeiter. Ihr Lehrer aus Wien suchte das bedürfnislose

Leben – doch war das ihres? Ludwig erklärte dem Vermieter seiner kargen Kammer, dass sein Wohnhaus ein „Kasten" sei, die Scheune daneben aber „Romantik". Man verstand diese Worte nicht und hat sie wohl deshalb lange im Kopf behalten. Manche seiner mathematisch nicht ganz fitten Schulkinder wie den kleinen Scheibenbauer nahm er an den Ohren, schüttelte sie und schrie sie an: „Ich weiß es, du kannst es schaffen!" Was sollten sie, auf deren Arbeitskraft die väterlichen Höfe warteten, denn schaffen? Die Winter waren härter als in Wien. Ludwig hackte Holz. Er spaltete es direkt vor seinem Ofen in der Kammer und zerhackte dabei den Holzfußboden. Der Hausbesitzer entschloss sich, als Herr Wittgenstein ausgezogen war, ihn nicht zu reparieren.

12. Das entschwundene Buch

Wie er auf dieses Buch und seinen ihm unbekannten Autor gekommen war, das wusste er nicht mehr, doch schon die ersten Passagen elektrisierten ihn. Da stand, was er seit langem gesucht hatte und was seine Gedanken ins Gespräch mit diesem Text brachten. Die Begeisterung trieb ihn weiter, die Seiten flogen vorbei, während sich in seinem Inneren so viel rührte, dass er kaum noch darauf achten konnte. Wer war dieser Autor? Er schaute nach und fand viel. Erstaunlicherweise hatte der noch über ganz andere Themen geschrieben, und er hatte das Gefühl, alles lesen zu müssen. Der Bücherberg wuchs, die Geflechte, die sich in der Lektüre aufspannten, wurden immer vielfältiger. Da er nicht vorschnellen Urteilen aufsitzen wollte, las er weiter und bezog auch Bücher anderer Autoren ein, die plötzlich wichtig wurden. Er machte sich Notizen und musste sie, um nicht den Überblick zu verlieren, bald schon systematisch unter Stichworten sichten. Manchmal kamen ihm kleinere Zweifel, ob der neu entdeckte Autor sich tatsächlich zu Recht auf den einen oder anderen philosophischen Gewährsmann stützte. Er wollte sie ausräumen, stieß aber darauf, dass er auch deren Positionen nicht eindeutig bestimmen konnte. Vielleicht ginge es ja doch, wenn er sich hinsetze und selber eine Abhandlung schreibe, die diese offenen Fragen kläre. Er schrieb sie und merkte erst später, dass er die Gedanken, die bei der Lektüre der ersten Passagen des Buches die große Faszination ausgelöst hatten, im Stich gelassen hatte und nun nicht mehr wiederfand.

Teil 2

Essays über die Masken und die Nacktheit der Bescheidenheit

1. Blinde Bescheidenheit

Bescheidenheit ist beileibe keine Zier; wohlgefälligen Aufputz verträgt sie schlecht. Inszeniert für den Blick des anderen wird sie zum leicht zu durchschauenden Bühnenstück, das dem aufmerksamen Zuschauer doch die kluge Berechnung des Handelnden verrät. Eine Komödie also. Gespielte Bescheidenheit ist auf die versteckte Manipulation der anderen aus und will deren Urteil in ihren Dienst stellen. Der Tartuffe unserer Tage weiß wie sein Vorgänger zu Molières Zeiten, Glaubwürdigkeit auf der Grundlage von Klischees herzustellen; wer kennt nicht die Posse des edlen Verzichts und des stolzen Wortes: „Nein, das brauche ich alles nicht!" Blamiert ist der andere, der sich in seinen Vorlieben und Abhängigkeiten als gierig und unfrei demaskiert sieht.

Solche „Bescheidenheit" fährt ihre Igelstacheln aus. Sie ist anmaßend und will, ein kleines bisschen, verletzen. Unter dem Deckmantel der Naivität, auf den jede Bescheidenheit Anspruch erhebt, legt sie Gängelbänder aus. Regiefäden für ein ganzes soziales Puppentheater sind das, in die das Lob, zu dem jeder Wohlmeinende verpflichtet ist, von Anfang an eingeknotet ist. Die Rückseite der Bescheidenheit sieht also ganz anders aus; ihr Januskopf besteht aus Eitelkeit und kluger Berechnung. Das hat ihr unzählige moralisierende Kommentare eingetragen, die kaum ein gutes Haar an ihr ließen.

Das Problem wird in ihrer kritischen Sichtweise schon virulent, wenn der, der bescheiden sein will, dies aus bewusstem Entschluss tut. Er vergleicht sich mit anderen und wählt, wo sie haben wollen und immer mehr haben müssen, stolz die Beschränkung auf das eigene, bedürfnislosere Selbst. Er beobachtet sich und agiert zunehmend vor einem Spiegel. Sein Bewusstsein erfasst sehr fein sein ganzes soziales Feld und bietet es den Schachzügen seines larvierten Egoismus an. Der Bescheidene ist ein talentierter Maskenbildner in eigener Person. Er wählt Verkleidung und Rolle klug aus, denn er kennt den Markt und seine momentanen Konjunkturen.

Damit wird die Bescheidenheit zu dem Betrug, den die anderen so gern sehen wollen und der souverän mit ihren Erwartungen wuchert. Betrüger und Betrogene spielen ein gemeinsames Stück. Sie agieren zusammen so passgenau, dass sich das Gefühl, hier herrsche Harmonie, wie von selbst einstellt. Jeder Betrüger ist daran interessiert, die Unwissenheit der anderen zu pflegen und aus ihr etwas zu machen. Der Betrogene will die Welt so sehen, wie der Betrüger sie ihm zeigt. Er möchte zu gern seinen Beifall loswerden und braucht einen lebendigen Vorzeigemenschen, der ihm die Richtigkeit seiner moralischen Obligationen bestätigt. Hört man genau hin, dann beklatscht der Betrogene auch sich selbst. Er bestätigt sich als Teil der Welt der besseren Menschen, die sich auf Anhieb als Gleiche erkennen, ganz ohne Verdacht und Prüfung. Die moralische Integrität ist heute ja von mannigfacher Auszehrung bedroht; da werden die letzten Aufrechten doch umso stärker zusammenhalten.

Viele selbsternannte Bescheidene können mit einer Unverschämtheit die Wahrheit über sich aussprechen – und trotzdem gelangt sie nicht in den Kopf ihrer Zuhörer. Sie glauben an sie und an ihre Moral; warnenden Hinweisen gelingt es nicht, die Vorschusslorbeeren in der Blumenvase zurückzuhalten. Molière hat das glänzend in Szene gesetzt. Er lässt seinen geldgierigen und moralkostümierten Tartuffe sagen: „Nie käme einer, der mich kennt, auf den Gedanken, ich wollte [...] nur mich selbst bereichern! Mir liegt es ferne, Güter dieser Erde aufzuspeichern – [...].“ (Molière, Tartuffe, 4. Aufzug, 1. Auftritt; S. 51) Amen. Das religiös-moralische Sprachspiel leistet diesem „Bescheidenen“ alle Dienste. Selbst wenn er die durchaus schäbige Wahrheit sichtbar macht, käme ihm niemand darauf.

Ist die Mixtur von kluger Berechnung und naiver Rechtgläubigkeit der Kern der Bescheidenheit? Dann gehörte sie ins Waffenarsenal alltäglicher Täuschungskünste. So wäre man bescheiden nur, wenn man es gar nicht sein will oder, besser noch, wenn man es nicht einmal weiß und die berechnende rechte Hand nicht weiß, was die naive linke spontan tut. Bescheidenheit, auch diese Meinung hat ihre Tradition, bringen die Armen im Geiste am besten fertig. Was der Bauer nicht kennt, das frisst er auch nicht und überlässt es dem Städter mit einem Grinsen. Entfaltet das eigene Bewusstsein aber eine größere Spannbreite nach außen wie nach innen, wird die „Bescheidenheit" als selbstverordnete Unwissenheit schnell dumm, stickig und eng.

Sie hat ihre philosophischen Fürsprecher, die unser Urteil keineswegs unterschreiben würden. Für Rousseau verweist allein die Bescheidenheit die allgegenwärtige Eitelkeit in erträgliche Grenzen. „Große Männer täuschen sich nicht über ihre Überlegenheit. Sie sehen sie, sie fühlen sie und bleiben dennoch bescheiden. Je mehr sie haben, desto besser erkennen sie, was ihnen alles fehlt." (Rousseau, Emil oder Über die Erziehung, 251) Die Eitelkeit hielt Rousseau für unheilbar. Die Bescheidenheit dagegen schien ihm als Erkenntnis des eigenen Mangels aufzublitzen, ohne dem vergesellschafteten Menschen schon ein positives Wissen seiner selbst anzubieten. Das Spiel dieser beiden Kontrahenten ist also ein ungleiches. Das war nicht immer so.

Man liest bei Rousseau über die bescheidenen Bedürfnisse des natürlichen Menschen, der den ganzen Luxus und Tand der Zivilisation nicht braucht, besucht kurz sein Paradies des ausgemalten Naturzustandes und gerät, gelinde gesagt, in eine schöne Vision voller verborgener Schrecken. Nahrung und Lust waren im Überfluss da. Gier und Eigentum kannte niemand; man lebte ja nur jetzt und nicht später. Die Stimme des natürlichen Gewissens war souverän und konnte auf die Exzesse einer erklügelten Moral verzichten. „War das Bedürfnis befriedigt, so erkannten sich die zwei Geschlechter nicht wieder, und selbst das Kind bedeutete der Mutter nichts mehr, sobald es sie entbehren konnte." (Rousseau, Über den Ursprung der Ungleichheit unter den Menschen, 193) Ob die Kinder die Abweisung dauerhafter Beziehungen gut hätten überstehen können? Ganz zu schweigen von den austauschbar gewordenen Erwachsenen, die nur im Moment der Lust zusammenfinden. So gerät man mit dem

Rückgriff auf die Bescheidenheit der Scholle oder den angeblichen Naturzustand doch in ernste Erklärungsnöte.

Rousseaus Bescheidenheit ist ein Paradox. In modernen Gesellschaften klärt sie den Bürger nicht über seine inneren Beweggründe auf. Sie kann durchaus so klug sein, um es mit der listigen Eitelkeit aufzunehmen – aber sie macht den Menschen nicht klug genug, damit er verstehen kann, wie und warum ihn Eitelkeit und Gier korrumpieren. Im Naturzustand kann die Bescheidenheit bequem auf jegliche Erklärung verzichten, da sie ruhig von innen die Wege des Begehrens lenkt und gierige Übertreibungen erst gar nicht aufkommen lässt. Dabei erkennt sie in ihrer eingefleischten natürlichen Moral nicht, was sie in den Beziehungen zwischen Menschen anrichtet. Nie macht sie dem Menschen das Maß, mit dem sie insgeheim doch messen muss, als Einsicht plausibel. Eigentlich wird die Rede von der Bescheidenheit in diesen beiden Spielarten sinnlos, da ihr das Moment der kritischen Selbstbestimmung abgeht. Streichen wir das Wort nicht besser aus unserem Vokabular?

Man wird zugeben müssen, dass man sich kaum bewusst dazu entschließen kann, bescheiden zu sein. Natürlich kann jeder verzichten, wenn der Arzt sagt, dass nun Schluss sein muss mit Fett und Rauch. Das wäre der einfache Fall eines pragmatischen Verzichts, motiviert durch eine anständige Drohkulisse. Schwieriger wird der Fall, wenn das eigene Auto in den Verdacht gerät, den Treibhauseffekt zu beflügeln und mitzuhelfen, dass das Eis der Polkappen demnächst nur noch im Bildarchiv zu bewundern sein wird. Das Bewusstsein dieser Bedrohung muss Brücken zum Selbstbewusstsein aufbauen, das tatsächlich in der Lage ist, den Verzicht zu motivieren und Argumente ernst zu nehmen. Den vielleicht problematischsten Fall steuert die religiöse Moral, allen voran die christliche, bei. Mit ihrem „die Letzten werden die Ersten sein“ hat sie in den Rücken des Bescheidenen etwas ganz und gar Anmaßendes gesetzt. So machtlos und unterwürfig er sich geriert, lässt ihm der Glaube doch eine Kraft in ihm oder hinter seinem Rücken wachsen, die es noch mit jeder innerweltlichen Komplikation aufnimmt – notfalls unter Wechsel auf das postmortale Terrain.

Die entsprechende Einfalt des Herzens lässt sich auch im Christentum nur erlernen, wenn sie ein Stein im größeren Mosaik der Verheißungen ist. Wer nicht an Gott und seine allzu vielen Stellvertreter glauben mag, wie sollte der auf diesem lustlosen Pfad der Bescheidenheit wandeln? Sein Denkweg beginnt mit gewaltigen Aufräumarbeiten. Zuerst wirft er Gott vom Thron, auf den ihn die frühe biographische Indoktrinierung gesetzt hat. Vielleicht pfeift er dann auf alle ihn beerbenden metaphysischen Vorstellungen, die dem Unglücklichen das Lied von der prästabilierten Harmonie vorsingen: Für Leibniz war diese Welt die beste aller möglichen. Zwar gab es Leid, doch dem Leidenden versprach die überweltlich organisierte Kompensation eine reiche metaphysische Entschädigung. Natürlich waren viele Rechnungen erst postmortal zu begleichen, doch stand dann immerhin Gott für die Bonität der Rückzahlungen ein. Auch ohne christliche Horizonte hatte die Metaphysik stets auch die Beruhigung anzubieten, dass ein miserables Leben auf der Erde dem Heil nicht unbedingt im Wege steht. Ganz im Gegenteil: Oft war der Verzicht der Königsweg zu größtem Gewinn. Der Philosoph strebt Plato zufolge nach dem Schönen, Wahren und Guten und läuft nicht jeder billigen Attraktion hinterher, die seine unsterbliche Seele mit billigem Tand belastet und von der Schau der überweltlichen Ideen ablenkt. Hier geht es ums Ganze, und wer sich dem denkend, ahnend oder schauend nähert, der könne, versichern Platon und seine Nachfolger, Bekanntschaft machen mit dem wahren Glück des Menschen.

Bescheidenheit scheint geradezu von den Denkern gepachtet zu sein, die hier die Einfalt des Herzens proklamieren oder dort die subtilsten metaphysischen Entwürfe vorlegen. Sie drängen ihre Fragen auf – aber sind es wirklich die, die den Bescheidenen heute interessieren? Wie soll nun unser ungläubiger Aufklärer, nachdem er als Opponent so mächtig auf dem transzendenten Schachbrett mitgespielt hat – selbstverständlich mit den schwarzen Figuren – wieder zu seinem bescheidenen „Was weiß ich schon?!" zurückfinden? Montaigne, der diesen Satz zu seinem Leben machte, nahm ihn nicht als Fazit, sondern als Aufgabe. Man muss schauen, erforschen, be- und hinterfragen, was man weiß, und vor allem in dem suchen, was man noch nicht weiß. Eine summarische Antwort, gültig für alles und jeden, wird man nicht mehr erwarten. Das ist Bescheidenheit ohne die Verlockungen der Metaphysik, denn sie scheut das angeblich so banale Hinsehen nicht.

Geht es um Wissen und Können, fällt Bescheidenheit nicht allzu schwer. Immer weiß es irgendjemand besser und wir müssen anerkennen, lernen zu müssen. Bescheidenheit ist zudem eine der vorzüglichsten Waffen: Beim Wissen lebt ja ein jeder über seine Verhältnisse; da gilt schnell als weise, wer genau das dem anderen nachweisen kann, während der bloßgestellte Halbwissende merkwürdig tief in den Topf seiner Scham fällt. Man hat sich nicht einfach geirrt, sondern aufgeblasen. Generationen von Moralisten fanden hier die schönsten Beispiele der menschlichen Komödien.

Bescheidenheit kann bewusste Über- wie auch Untertreibung sein. Schopenhauer witterte hinter dem bescheidenen Gehabe dessen, der mehr im Kopf hat, als er sagt, berechnende Verstellung und Heuchelei. Nietzsche war die Bescheidenheit keinesfalls suspekt, wenn sie mit der Erkenntnis einhergeht, „dass wir nicht unsere eigenen Werke sind". Wer Großes im Sinn hat und durchsetzen will, sei aber gezwungen, mit der fesselnden Bescheidenheit zu brechen – auch wenn er alle anderen durch seine Unbescheidenheit verletzen und gegen sich aufbringen sollte. (Nietzsche, Menschliches, Allzumenschliches, I, § 588)

Die philosophischen Diskurse über die Bescheidenheit sind durchtränkt von Werturteilen. Der Kritiker beobachtet von seiner Sternwarte aus und muss selber nichts tun. Fern solcher Verstrickungen ist gut kommentieren. Im Handeln selbst scheint alles anders. Es fällt schwer, sich einen bescheidenen Menschen vorzustellen, der außer, gelegentlich Bewertungen über andere abzugeben, völlig beiseite steht und sich allem nur mit kluger Miene enthält. Die passenden Adjektive wären hier nicht „bescheiden", sondern „abgedreht", „verpennt" oder „hochnäsig". Merkwürdigerweise scheint sich im „Begriff" der Bescheidenheit jedoch etwas zu kristallisieren, das der spontanen Tätigkeit nicht ausweicht und nur aus ihr heraus verstanden werden kann. Bescheiden zu sein bedeutet zu agieren und etwas aus- und wegzulassen, was für die vielen Zuschauer zu erwarten wäre. Von der Sternwarte aus übersieht man wichtige Nuancierungen; man muss etwas näher herangehen. Da lässt einer, den man bescheiden nennen mag, die zustehende Anerkennung links liegen, vielleicht wird selbst die Dankbarkeit des anderen schamvoll übergangen. Warum werden sie zurückgewiesen und ist das nicht arg unfreundlich, wenn nicht gar ruppig?

Dieser Skandal wiegt schwer – so schwer, dass jeder Zuschauer, dem dieses Verhalten suspekt ist, seine eigenen Verdachtsmomente dazu entwickeln dürfte. Die Inbrunst der vielen Nachfolger des Sherlock Holmes weidet vor allem auf psychologischem Gebiet. Die detektivischen Prämissen sind simpel und überfordern auch ein einfaches Gemüt nicht. Da ein jeder selbstsüchtig ist und der Intellekt die Kunst der Verstellung erfunden hat, entsteht die unausweichliche Vermutung, hier werde hinterhältig mit gezinkten Karten gespielt. Ist das unschuldige Gesicht des Bescheidenen nicht ein veritables Pokerface und sein ganzes Verhalten Ausdruck gerissener Taktik? Man kennt sich da aus – satt von Erfahrung, gewonnen im Kontakt mit anderen und vor allem in der Beobachtung seiner selbst. Bescheidenheit geht nicht. Vielleicht kriegen Dostojewski'sche Idioten so etwas hin, aber Idioten werden wohl kaum überzeugend im hellen Lichte des Bewusstseins agieren. Für den Rest der Menschheit haben Generationen von Philosophen und Psychologen fein ausgearbeitet, dass der Egoismus die unhintergehbare Grundlage des Menschen und seines kulturell klug angepassten Kannibalismus ist.

In diesem Meinungsklima bleibt einem Bescheidenen der Weg, sein Tun mit einfachen Argumenten zu erklären oder gar zu rechtfertigen, in der Regel verschlossen. Was immer er sagt, könnte als dessen Gegenteil im Kopf des Zuhörers wider ihn auftreten. Selbst simple Sätze führen auf Abwege, wenn sie vom Zuhörer auf solchen übergroßen Karten der weltbewegenden oder weltergründenden Ideen situiert werden. Sokrates soll auf dem Athener Markt ausgerufen haben, wie froh er sei, das alles nicht zu brauchen. Sokrates war ein Philosoph, dem man zubilligt, was in heutigen Alltagsfällen bestenfalls zu süffisanten Nachfragen führt, welche Ideologie zwischen Ökotum und angemaßter Autarkie denn hier im Spiel sei. Noch schlimmer steht es, wenn der Verdacht aufkommt und sich erhärtet, der Bescheidene verweigere sich der modernen *conditio sine qua non* und konkurriere überhaupt nicht um die knappen Güter, deren Leuchtkraft für alle verpflichtend ist.

Er will keinerlei Lob? Dann scheint es ihm aus meinem Mund nicht genug zu sein; am Ende dünkt er sich wohl etwas Besseres. Warum schlägt er alle möglichen Arten der Gratifikation aus? Will er damit zeigen, dass ihm die Güter, die die eigenen Motivationen auf Trab bringen und halten, nur lächerlicher Tand sind? Das liegt nahe an der Beleidigung. Lebt er überhaupt in einer mit uns geteilten, gemeinsamen Welt, oder hat er sich in irgendein Nirwana davongestohlen? Ein noch schlimmerer Verdacht wäre, dass Bescheidenheit das Eingeständnis einer fundamentalen Lebensuntüchtigkeit zum Ausdruck bringt: Das Bescheidene will und kann einfach nicht wie alle anderen auf dem Turnierplatz antreten. Der bissige Schopenhauer ließ Bescheidenheit nur dort ehrlich sein, wo es dem Betreffenden tatsächlich an Geist und Motivation mangelt. (Schopenhauer, Der handschriftliche Nachlass, IV, 1.) Zwischen der Skylla der Dummheit und der Charybdis der Aufgeblasenheit navigiert die Bescheidenheit in gefährlichen Strömungen, die man, wie der listige Odysseus, schnell mit verstopften Ohren hinter sich lassen sollte. (Homer, Odyssee XII, 602 ff.) Wer dem betörenden Gesang der Sirenen lauscht und sich an ihre Klippen treiben lässt, erleidet unweigerlich Schiffbruch.

Schwerlich wird der Bescheidene die Gründe seines Tuns von anderen erfahren und/oder aus dieser gestörten Handlungssymmetrie ablesen können. Welches Bewusstsein hat er von sich und von seinem Tun? Entscheidet er sich überhaupt für das Weniger, um dem Mehr eine bewusste Absage zu erteilen? Denkbar wäre das, etwa wenn er gelernt hat, dass allzu viel ungesund ist und dass bereits Weniges schon zu viel sein kann. Mag sein, dass er irgendwann darauf gekommen ist, dass nicht nur Wein, sondern auch Wasser ganz gut schmecken kann. Das macht in den Augen der anderen „bescheiden", ohne das Selbstverständnis mit allzu vielen offenen Fragen zu belasten. Der begeisterte Wassertrinker mag andere robuste Vorlieben haben und mit ziemlicher Gier verfolgen. Seine Bescheidenheit ist dann von bescheidener und lokaler Ausdehnung und hätte etwas Geschmäcklerisches. Niemand wäre verpflichtet, sie wirklich ernst zu nehmen.

Einen bescheidenen Menschen müsste man sich anders vorstellen, denn da hätte, was man als die eine Bescheidenheit zufällig entdeckt hat, mit anderen Bescheidenheiten zu tun, ganz so, als existiere ein untergründiges Netzwerk, das sich durch die ganze Person zieht. Die ideologiekritischen Denker der Frankfurter Schule, allesamt Schüler der großen Verdächtiger wie Nietzsche, Marx und Freud, wurden nicht müde, dies als beinahe unmögliche Möglichkeit zum Thema zu machen. Herbert Marcuses große Weigerung gegen die lusttötende Überflussgesellschaft, Adornos Denken gegen die abstumpfende Kulturindustrie, Erich Fromms Aufstand gegen das gefräßige Haben-Wollen legen Zeugnis ab, dass ein übermächtiger Gegner existiert, der in die Triebstruktur (Marcuse), in jegliches Empfinden und Denken (Adorno) und in die feinsten Verästelungen der Charakterstrukturen (Fromm) vorgedrungen ist und diese sich beinahe so dienstbar gemacht hat wie der Virus das Computerprogramm. Von Bescheidenheit ist in dieser hellsichtigen Kritik der Unbescheidenheit kaum die Rede. Zu stark roch sie nach der Gemütlichkeit, mit der man es sich in der miserabel zugewiesenen Existenz einrichtet. Kein richtiges Leben im falschen: Das blieb Adornos erstes und letztes Wort. Der getretene Wurm krümmt sich und lebt fortan bescheidener, grummelte bereits Nietzsche.

Wir können im Modus dieser unverzichtbaren Kritik immer weitere Kreise um die Bescheidenheit ziehen und werden sie dennoch aus den Augen verlieren. Ein bescheidener Mensch wäre, wer ohne Angst vor Verlust etwas nicht tut oder will. Dem Außenstehenden käme dies wie ein Verzicht vor und damit wie ein negatives Verhalten den angebotenen Möglichkeiten gegenüber. Er würde automatisch eine Angst unterstellen, die sich in neurotischen Verboten unkenntlich macht und verschwiegene Barrieren gegen Wünsche und Wunscherfüllungen aufbaut. Zieht der Masochist nicht geradezu seine Lust aus der Demütigung? Dem Depressiven bedeutet die Erfahrung, eben das nicht zu bekommen, was anderen wie selbstverständlich zusteht, die willkommene Bestätigung seiner Depression. Auch der Narzisst kann außerordentlich bescheiden auftreten und sich als der selbstlose Freund der anderen positionieren, ohne sich wirklich für sie zu interessieren oder an ihrem Leben teilzuhaben. (Fromm, Vom Haben zum Sein, 482) Die Angst, dass sein Verhalten dechiffriert wird, lässt ihn umso geschmeidigere Formen erfinden und eindrucksvolle Fassaden bauen. Diese Verdachtsmomente wird niemand vorschnell zur Seite schieben können, dem an der Aufklärung fremden und eigenen Verhaltens gelegen ist. Den bedeutendsten Punkt scheint sie aber systematisch zu verfehlen: Die merkwürdige Angstlosigkeit der Bescheidenheit könnte der rote Faden für ganz andere Entdeckungen sein.

Der Bescheidene will ja nicht nichts, sondern etwas Bestimmtes, das er als die eigene Möglichkeit zu existieren versteht. Er kann kein Freund der Abwertung des Bewusstseins sein, denn als Armer im Geiste verliert er genau das fühlende Wissen um das, was er will. Sein Bewusstsein folgt nicht dem Verhalten der Schnecke, die sich beim Kontakt mit der Härte der Umwelt gleich in ihr schützendes Haus zurückzieht.

Die aufgestellte Zwangsverbindung von Angst und Bescheidenheit unterstellt eben dies. Der Bescheidene weiß, was er will und dass sein Wille nicht alles ist. Er könnte seine Bescheidenheit nicht argumentativ herausstellen oder zu seinem Markenzeichen machen, ohne sie zu hintergehen und zu bagatellisieren. Wie jeder Mensch steht der Bescheidene in der Pflicht, „zu geben, zu empfangen, zu erwidern", ohne die die gegenseitige Anerkennung von Menschen nicht möglich wäre. (Ricoeur, Wege der Anerkennung, 282). Er sucht ein anderes Terrain als das der konkurrierenden Blicke oder der aggressiv aufrechnenden Abschätzungen.

Existiert ein derart vorstellbarer Lebenszusammenhang überhaupt oder geraten wir hier in den Dunstkreis der großen moralphilosophischen Mythologien der Aufopferung und des Verzichts, der seit den frühen Tagen der Philosophie die Antwort des Weisen auf die Leidenschaften sein soll? Erik H. Erikson hat in seiner psychoanalytischen Studie über Gandhis Gewaltlosigkeit und asketische Lebensführung eine ganz andere Konzeption der Bescheidenheit herausgearbeitet; Lawrence Kohlberg ist ihr gefolgt und hat auf die vitalen Vernetzungen aufmerksam gemacht, die die Bescheidenheit zu einem integralen Moment einer beeindruckenden moralpsychologischen Entwicklung machen. Sokrates', Gandhis oder Martin Luther Kings Verhalten bedeutete eine tätige und harsche Kritik herrschender (Un-)Moral, verbunden mit einer Vision der Gerechtigkeit und der vitalen Sympathie für andere. Kohlberg sieht in diesen Biographien eine tiefgründige Bescheidenheit am Werk, die an die moralische Autonomie und Verantwortung der anderen appelliert und „bei der ‚Übernahme des moralischen Standpunkts', immer durch Bescheidenheit als eine Einstellung zum Dialog und zur Kritik durch andere abgemildert" ist. (Kohlberg, Die Psychologie der Lebensspanne, 211)

Bescheidenheit ist als der eine Teil eines Kreises vorstellbar, der erst dann zu schließen wäre, wenn der andere ihn schließt. Appelliert sie in einer Welt der Verträge und garantierten gegenseitigen Leistungen nicht insgeheim an die Gabe und das Geschenk, deren ersten und notwendigerweise noch unvollständigen Teil sie beisteuert? Realität würde dieser Kreis allein, wenn die Angstlosigkeit des einen die Angstlosigkeit des anderen wird. Kein Postulat an den anderen hilft, diesen Kreis zu schließen, denn diese Passung ist weder einklagbar noch überhaupt in einer bescheiden bleibenden Weise formulierbar.

In voller Schärfe hielt Immanuel Kant die Anerkennung der Würde des Anderen für unmöglich, wenn sie nicht auf eigene Bescheidenheit bauen kann. Sie sei als „freiwillige Einschränkung der Selbstliebe eines Menschen durch die Selbstliebe Anderer" unverzichtbar. Das ist kein Handel, weil Würde keinen Preis und kein Äquivalent kennt. (Kant, Metaphysik der Sitten, A 139; S. 600) Immanuel Kants Position ist bis heute eine zentrale Grundlegung der Würde des Menschen: „[...] der Mensch als P e r s o n betrachtet [...] ist über allen Preis erhaben; denn als ein solcher (homo noumenon) ist er nicht bloß als Mittel zu anderer ihren, ja selbst seinen eigenen Zwecken, sondern als Zweck an sich selbst zu schätzen, d. i. er besitzt eine W ü r d e (einen absoluten inneren Wert), wodurch er allen andern vernünftigen Weltwesen A c h t u n g für ihn abnötigt, sich mit jedem anderen dieser Art messen und auf den Fuß der Gleichheit schätzen kann." (Kant, a.a.O., A 94; S. 569) Die Würde zu verleugnen hieße, jede Moral zu entleeren. Der Bescheidenheit sprach Kant eine unhintergehbare Bedeutung zu.

Bescheidenheit öffnet in dieser Sichtweise eine Perspektive, die alles andere als fesselt oder einschränkt. Sie geht intim mit der Freiheit einher, die zugleich die Freiheit und die Selbstbestimmung des Anderen will. Sie ist ein offenes Verhalten, eine Einladung, auch ein Schutz vor der Bevormundung. Bescheidenheit legt eine Distanz zwischen Menschen zugrunde, ohne auf das implizite Angebot von Anteilnahme im Geringsten zu verzichten.

Formalisierbare Regeln kennt sie nicht, wohl aber die freundliche Einladung, gemeinsam auf der Grundlage des Augenblicks situativ

Regeln zu erfinden oder überrascht festzustellen, dass man sie im freien Umgang miteinander bereits gefunden hat. Schon der kleinste Akt wirklichen Zuhörens, der dem Anderen im Selbst Entfaltung zubilligt, ist davon geprägt. Hier ereignet sich etwas Unvorhersehbares.

Argwöhnisch werden der Bescheidenheit kontinuierliche Haltungen im Sinne moralischer Selbstzwänge oder persönlicher Obligationen unterstellt – hier aber lebt sie aus diskontinuierlichen und nicht prognostizierbaren Erfahrungen. Treffen zwei im „Geist" der Bescheidenheit aufeinander, so taugt dieser „Geist" doch nicht dazu, sich und den Anderen auf einklagbare Erwartungen festzulegen: schnell wäre man beim gegenseitigen Theaterspielen gelandet. Nicht einmal der Wechsel der Positionen scheint erlaubt. Was der Sympathie gelingt, nämlich der empathische Positionswechsel, der uns auf die Stelle des Anderen setzt und mit ihm mitfühlen lässt, scheint der Bescheidenheit verwehrt. Kann sie die Karten nicht aufdecken oder will sie es nicht?

Sie kann es nicht, ohne sich dadurch von der Bildfläche zu verabschieden. Man sollte Kants Warnung durchaus ernst nehmen, dass nämlich die Würde des Menschen und die sich in ihr zur Geltung bringende Pflicht keine Tatsachen sind, die durch evidente Erfahrung erschlossen oder durch schöne Beispiele exzeptioneller Großtaten belegt werden könnten. Solche aufbereiteten Brocken moralischen Verhaltens mögen dem eine Aufmunterung sein, der gern einem anderen – entweder allein oder als Teil eines imaginären Kollektivs – nachfolgt. Kant hielt das letztlich für eine gefährliche Verwechselung, denn hierbei geht es gar nicht um das Gefühl der Achtung, die sich aus ihrer Freiheit heraus einem moralischen Gesetz unterworfen weiß, sondern um fromme Anschauung oder ethisches Begriffskino. Vladimir Jankélévitch hat die Kant'sche Provokation in dem Satz gebündelt: „Der gute Wille hat also eine demokratische und ökumenische Eigenschaft; daraus ergibt sich, dass jeder Held, jeder Übermensch aus dem moralischen Leben ausgeschlossen ist." (Jankélévitch, Vorlesung über Moralphilosophie, 28) Bescheidenheit scheint ein integrales und unverzichtbares Moment der Moral zu sein.

Der Bescheidene ist in diesem Punkt vielleicht am wenigsten im landläufigen Sinne „bescheiden". Er glaubt nicht, das, was ihn bewegt, auf eine ihn verpflichtende Erfahrung beschränken oder aus ihr heraus etikettieren und normieren zu können. Wie jeder Entdecker weiß er nicht, was er durch sein Tun erreicht, aber er agiert in einem vollen und unaufgeregten Bewusstsein. Leichter wird ihm fallen, anzugeben, in welche der üblichen reziproken Verhaltensrituale er nicht einstimmen möchte. Man kann beklagen, dass es in unseren Konsumgesellschaften aktuell immer unmöglicher wird, in Würde arm zu sein, und es steht zu vermuten, dass einem bescheidenen Menschen so etwas eher auffällt als anderen. Er wird daraus den Grund und die tiefere Orientierung seiner eigenen Bescheidenheit aber nicht ableiten können.

Der implizite Zwang zur Kommunikation mag den Regeln der Selbstdarstellung unterliegen und heute im massiven Anwachsen von Persönlichkeiten gipfeln, deren narzisstische Fassaden glänzend auf Konsonanz und Wirkung berechnet sind. Auch dies dürfte einem bescheidenen Menschen leichter klar werden als den zwanghaften Mitspielern. Für seine eigene Form der Bescheidenheit lernt er im positiven Sinne nicht viel daraus. Der bescheidene Mensch ist nicht der eher schlecht als recht domestizierte. Er zieht sich nicht einfach vom Markt zurück wie der enttäuschte Kunde. Sucht er eine andere Geschichte seines Lebens? Falls er sie findet, wird Bescheidenheit zum kommunikativen Störfaktor, oft ablesbar an der Zurückhaltung und dem Schweigen. Was sagt dieses Stocken in einer Welt, in der man zwar nach dem Soziologen Niklas Luhman „nicht nicht kommunizieren kann", in der aber andererseits Kommunikation „unwahrscheinlich" wird? (Luhmann, Die Unwahrscheinlichkeit der Kommunikation, 80)

Die gängigen und sozialverträglichen Narrative werden ja anders gebildet und vertrieben. Im Regelfall bedeutet es eine Kränkung oder eine masochistische Quälerei, seine Narrative nicht immer wieder von Neuem erzählen zu können, weil die Ohren der anderen verstopft oder beschäftigt sind. Die Sucht, Anerkennung durch das Erzählen immer gleicher Geschichten vor wechselndem Publikum zu erzielen, wird letztlich wie jede Sucht durch keinen Vollzug befriedigt. Immer wieder hört sich der Redende dieselben Worte sagen, langweilt sich insgeheim und fürchtet gar um den Erfolg.

Die anerkennenden Kommentare der anderen werden ihm helfen, seine Begeisterung zu entzünden und sie nicht wie ein Kartenhaus einstürzen zu sehen. Er spricht mit Tempo und an sich vorbei, wobei er hofft, die Resonanz der Zuhörer werde die ungemütliche eigene Leere mehr als auffüllen. Erreicht er sein Ziel, dann spürt er zugleich, dass sie ihm nur auf den Leim gegangen sind und sich damit insgeheim für ihn entwertet haben. Einer, den die Bescheidenheit Distanz zu solchen Selbstläufern ganz ohne Nietzsche'sches Pathos gelehrt hat, weiß, dass eine gute Geschichte eine ist, der der Sprechende und der Hörende mit einer gewissen Begeisterung folgen und an deren Ende nicht das steht, was schon Dutzende Male zuvor gesagt und passiert ist. Sie verschwendet keine Worte an die ewige Wiederkehr des gleichen Geschwätzes.

Das Einfache, das schwierig wird oder Schwierigkeiten nach sich ziehen dürfte: Dies könnte die soziale Position der Bescheidenheit markieren. Die unübersehbare Komplexität ergibt sich aus dem Bruch der Erwartungen, die als implizite Unterstellung soziales Verhalten prägen. Wie schwierig ein solcher Bruch als kommunikative Form zu realisieren ist, lässt sich an der psychoanalytischen Grundregel ablesen. Der Analytiker verzichtet auf seine professionelle Überlegenheit; freischwebende Aufmerksamkeit bedeutet das Gegenteil einschüchternden Auftrumpfens. Freud wusste, dass die Beziehungen am fruchtbarsten gedeihen, „bei denen man wie absichtslos verfährt, sich von jeder Wendung überraschen lässt, und denen man immer wieder unbefangen und voraussetzungslos entgegentritt [...], ohne die vom Kranken aufgegebene Auswahl durch eine eigene Zensur zu ersetzen […].“ (Freud, Ratschläge für den Arzt bei der psychoanalytischen Behandlung, 380 und 381) In der Zensur bündelt sich die hartnäckige Einstellung, doch besser und schon auf den ersten Blick hin zu wissen, was mit dem anderen los ist, was ihm fehlt und was ihm, gegen seine eigene aktuelle Einsicht, gut tun dürfte. Dass die Psychoanalyse schlussendlich doch diese Position der Bescheidenheit verlassen muss, ist ihrem therapeutischen Imperativ geschuldet, dementiert aber die kommunikative Dynamik der Bescheidenheit nicht.

Niemand könnte als bescheiden gelten, der sich weigert hinzusehen und stattdessen vorgefassten Urteilen vertraut. Sie sind An-Maßungen im Sinne des Wortes, denn hier nimmt einer Maß und entzieht sich. Er stellt andere in Frage und lässt nicht oder nur im eingeschränkten Sinne zu, dass sie dasselbe mit ihm tun. Jedes vorgefasste Urteil, das im Konkreten nur seine Legitimation sucht, ist der Gegenspieler der Bescheidenheit. Ist ein Verzicht auf diese Spiele denkbar? Edmund Husserl bringt ihn im Rahmen einer aufschlussreichen Wendung in die Denkform der Urteilsenthaltung: „Die Enthaltung von allem Seinsinteresse bringt mir […] zur Erkenntnis, dass der Seinsglaube an mein vergangenes Leben ganz und gar unbetroffen bleibt von jeder existenzialen Stellungnahme zur Gegenstandswelt, zu der dieses Leben selbst Stellung nahm […] Möglich wird diese universale *epoché* durch die wesensmäßige Eigenart meines Lebens, dass es in jeder Gegenwartsphase ein – wenn auch leeres – Fernbewusstsein, ein Horizontbewusstsein hat und fortströmend immer neu erzeugt, und dass in ihm in universaler Weise all das impliziert ist, was je für mich gegenständlich war, ist und sein wird.“ (Edmund Husserl, Erste Philosophie, II, 160 f.)

Dieses Horizontbewusstsein – Husserl nennt es leer und grenzt es vom darstellbaren Katalog konkreter Möglichkeiten ab – wäre das Gegenteil der Enge und der Selbstbeschränkung, die gern dem Bescheidenen unterstellt werden. Er ist anspruchsvoller, als es die übliche Rede von der Bescheidenheit wahrnehmen will. Franz Kafka lässt seinen Hungerkünstler, der seine Askese, gut bewacht von Ärzten und Aufsehern, zur Schau stellt, auf die Frage eines Wärters, warum er denn hungert, antworten: „,Weil ich hungern muss, ich kann nicht anders' […]. ‚Weil ich', sagte der Hungerkünstler, hob das Köpfchen ein wenig und sprach mit wie zum Kuss gespitzten Lippen gerade in das Ohr des Aufsehers hinein, damit nichts verloren ginge, ‚weil ich nicht die Speise finden konnte, die mir schmeckt. Hätte ich sie gefunden, glaube mir, ich hätte kein Aufsehen gemacht und mich vollgegessen wie du und alle.'" (Kafka, Ein Hungerkünstler. In: Erzählungen, 199 f.) Etwas fehlt; nur der Bescheidene weiß es und vielleicht sucht er sein ganzes Leben danach. Welche Zärtlichkeit Kafka seiner Auskunft anvertraut hat, als der Hungerkünstler endlich doch einmal gefragt wurde!

Ist aber Kafkas Hungerkünstler wirklich allein der Bescheidene? Den Schaulustigen wird das so vorkommen. Der Wächter aber, tätiger Repräsentant einer Welt fester Begriffe und unfreundlicher Vorgaben, scheint mit seiner unerwarteten Frage näher an den Kreis der Bescheidenheit zu rühren. Mit seiner Frage verzichtet er auf seine doch nur von oben diktierten Verpflichtungen. Sie setzt die Offenheit in Gang, in der sich zwei im Moment der Bescheidenheit treffen. Die Utopie des Zurücktretens erinnert Brechts Legende von der Entstehung des Buches Taoteking. Die Verhältnisse im Land zwingen den weisen Lao Tse zur Emigration. Dem Zöllner präsentiert er auf die Frage, was er zu verzollen habe, nur seine Armut. Der nimmt den alten Mann auf und will von ihm lernen: „Schreib mir's auf! Diktier es diesem Kinde!", lässt Brecht ihn sagen. In der Bescheidenheit treffen sich der Zöllner und der Weise. Eine höfliche Bitte wird der Bescheidene im Geist der Freundlichkeit nicht abschlagen; ohne sie wäre das Taoteking nicht geschrieben worden:

„Ach, kein Sieger trat da auf ihn zu.
Und er murmelte: ‚Auch du?'"
(Brecht, Kalendergeschichten, 100)

2. Bescheidenheit nach dem letzten Abschied

Ob der Tod geliebter oder für den Hinterbliebenen wichtiger Menschen bescheiden macht? In den letzten Sekunden mag etwas durch den Raum wehen, das man niemals zuvor kennen gelernt hatte, doch seine Majestät der Tod kann nur von denen so genannt werden, die er diese seine Majestät nicht an eigenem Leib und Leben spüren ließ. Er, von dem in der bleiernen Zeit des geheim gehaltenen Wartens auf den Tod des Sterbenden so viel Aufhebens gemacht und der in allerlei Versteckspielen verborgen gehalten wurde, verschwindet einfach wortlos. Die Zeit der angstvoll oder peinlich umgangenen Worte ist vorbei, ab jetzt heißt Krebs wieder Krebs. Die Hemmung ist gelöst, die Worte sind wieder frei, man hat es ja gewusst, dass es so kommen wird. Manchmal geht seine Majestät der Tod schon mit dem letzten Atemzug auf ein Lange-nicht-mehr-Wiedersehen dahin. Das fromme Denken will es zwar anders, doch unser Memento Mori findet kaum noch nach dem Verröcheln des Sterbenden statt; die eigene Atmung verschlägt's den Wenigsten nur.

Was danach kommt und unter den Überschriften der peinlich bewachten Beerdigungsrituale oder notorischen Testamentsneidereien subsumierbar ist, ist literaturbekannt und könnte nur in einer verkehrten Welt als Bescheidenheit durchgehen. Man positioniert sich, wie die anderen sich positionieren. Man entdeckt in alter Frische seinen Willen und sucht im Verblichenen den Bundesgenossen, der das alles auch so wollte. Die Behauptung der berufenen und ungerufenen Zeremonienmeister, dass derlei engagiertes Tun gut gegen den doch unsinnigen Schmerz sei und vom Grübeln, das nur in Sackgassen führe, abhalte, dürfte triftig sein. Das Leben geht weiter! Wir sind doch alle da! Bilde dir nicht ein, eine Trauer erster Klasse reklamieren zu können; wir alle hatten mit dem Verblichenen zu tun und tragen den schweren Verlust. Man muss seine Position behaupten, jetzt, da der Tote endlich aus der eigenen Rede gefallen ist und die anderen sich beeilen, die endgültigen Bilanzen in ihrem

Sinne zusammenzustellen – und ginge es auch nur um die Erzählungen, die das Erinnern fortan prägen werden. Darin sind die Namen derer zu verewigen, die die wichtigsten gemeinsamen Momente mit ihrer Person verbinden wollen. „Er hat *mir* noch gesagt …", „*Wir* wollten doch noch …", „Wusstest *du* nicht, dass er *uns* noch dies oder das aus seinem Leben berichtet hat …"

Man hat mehr zu tun, als romantisierende Bilder des Abschieds jemals nahegelegt hätten. Man kommt ja zu nichts, und so schiebt man auch keinen schwarzen Brocken vor sich her, sondern rettet sich in das allseits eingeforderte Moratorium mit dem durchaus zustimmenden Gefühl, zu späterer Zeit werden die Brocken vielleicht kleiner sein. Die Trauer wird in den herrschenden Verkehrsformen, die so plötzlich über den Zurückgebliebenen hereinbrechen und ihn strangulieren, zur Anomalie, deren man sich, so lauten die guten Ratschläge von jeder Seite, entweder enthalten solle oder die man am besten kuriert, wenn man sich als Schutzsuchenden bei den anderen offenbart. Man soll es „herauslassen" bei den Schicksalsverwandten, die solches scheinbar nicht nötig haben und mit ihrer Stärke die persönliche Schwäche dessen herausstellen, der sich nach ihrem Ratschlag in ihre Arme wirft. Wer wüsste nicht, dass daraus der Stoff neuer Erzählungen gewoben wird, die den Moment der Schwäche eines Trauernden in unbestimmte Zukunft verlängern und als Offenbarung der eigenen Überlegenheit nutzen? Undankbar ist, wer später widerspricht und sein eigenes Rückgrat einfordert. Wenn es nicht so hilflos klänge, könnte man an Adornos Satz denken: „Geliebt wirst du einzig, wo du schwach dich zeigen darfst, ohne Stärke zu provozieren." (Adorno, Minima Moralia, 255)

Angesichts der Trauer soll man auf diese altbekannte Weise Bescheidenheit üben, und sollte der Verdacht von Elias Canetti, dass der, der überlebt, ein heimliches Triumphgefühl oft nicht verleugnen kann, zutreffen, so rundet sich das Bild. „Der Augenblick des *Überlebens* ist der Augenblick der Macht. Der Schrecken über den Anblick des Todes löst sich in Befriedigung auf." (E. Canetti, Masse und Macht, 259) Der heimliche Triumph ist durchaus bescheiden im Bezug auf die Trauer, die die Katastrophe des Todes aus dem eigenen Leben entlässt und schon kurz nach dem Abschied eben das sucht, was mit dem Leben des Verstorbenen nicht allzu viel mehr zu tun hat. Canettis bis an die Verrücktheit grenzender Aufstand gegen den Tod dürfte da bestenfalls als Anmaßung, wenn nicht gar als blanker Wahnsinn erscheinen. Der setzt sich mit einer Trommel hin und protestiert gegen jeden Tod, der in diesem einen Tod die unsinnigste Herrschaft über den Menschen an sich gerissen hat. „Ruhe", schreien ihm die stilvoll Trauernden entgegen, wir haben Wichtigeres zu tun.

Wir sind ja „bescheiden" und halten Maß. In welche wirkliche Trauer mischt sich da kein schuldhaftes Gefühl, die angebotenen Karenztage zu überdehnen? Sie bleibt an der Zäsur eines Todes hängen und lässt die Nachgeschichte nicht mehr als Fortsetzung beginnen. „Die Dauer", schreibt der Philosoph Vladimir Jankélévitch, „ist nur eine lange Unterhaltung, eine lange Freundschaft, aus der sich der bedeutungslose Todesmoment hinweggezaubert findet." (Jankélévitch, Das „Beinahe-Nichts", 163) Bescheidenheit wird mit Canetti die Trommel gegen seine Majestät, den Tod, rühren und ihn nicht vergessen.

3. Bescheidenheit inkognito

Er lebte und pochte von Zeit zu Zeit darauf, dass er noch ein anderes Leben führt, eines von subkutaner Präsenz, dem es überhaupt nichts anhaben kann, dass er es ständig wieder vergaß. Manchmal schaute er sich und anderen aus diesem anderen Leben heraus zu. Weil er niemals von dort Wünsche mitbrachte, glaubt er tatsächlich, nun wäre er bescheiden.

Beide seiner Hälften hatten nichts miteinander zu tun. Aber aus der einen zog er die für ihn unerschütterliche Sicherheit, er stünde gar nicht inmitten der verwirrenden Welt, die anderen Menschen das klare Bewusstsein ihrer selbst raubt. Das genoss er als eine Freiheit, die auf jede Nachfrage mit einem überlegenen Lächeln verzichtete. Was er mit dieser Freiheit tun sollte, wurde ihm niemals klar. Es genügte ihm, nicht zu sein wie andere Leute.

Von Zeit zu Zeit gönnte er sich einigen Luxus, den er selber als ausschweifend empfand. Nicht, dass er etwas wirklich genießen konnte – es ging darum, dem Bild des zurückgezogenen Sonderlings nicht zu entsprechen, das er fürchtete. Er erfand sich einen erlesenen Geschmack, der es möglich machte, das Meiste abzulehnen. Wenn er schon etwas wollte, dann nur das Besondere, das seinem Gefühl, ein besonderer Mensch zu sein, entsprach.

Mit der Zeit suchten andere seinen Rat in allen Fragen des Geschmacks. Damit geizte er keinesfalls. Folgten sie ihm und schafften an, was er empfohlen hatte, dann traf sie seine Verachtung umso härter. Er stand im Ruf, ein Geheimnis zu hüten, das niemand ihm so schnell entreißt. Das machte seine Leidenschaftslosigkeit für ihn selber umso behaglicher. Er lernte sich selbst nicht kennen. Nichts wollte er suchen. Alles meinte er längst gefunden zu haben, ohne jemals zu wissen, was es ist.

4. Schweigend einfach und bescheiden

Mit zu vielen Worten geht niemand als bescheiden durch. Das Nadelöhr ist eng; es lässt große Erklärungen nicht durch. Bescheidenheit hat keine sprachliche oder gedankliche Komplexität voller unterirdischer Gänge und Fluchtwege. Sie stellt nicht die Summe komplizierter Rechnungen dar, sondern scheint der Gipfel des Einfachen in einer Welt zu sein, die aus Fragmenten mit scharfen Rändern besteht. Wer aus ihnen allzu sorglos ein ihm passendes Mosaik zusammenlegen wollte, riskiert Schürf- und Schnittwunden. In diese komplizierte Welt scheint sich der Bescheidene in einer so merkwürdigen Weise eingefügt zu haben, dass deren Stürme über ihn hinwegziehen und von scharfen Kanten nicht die Rede ist. Er scheint es sich leicht oder allzuleicht zu machen. Hört man von seiner Seite Widerspruch, wenn es nötig wäre, zu protestieren? Man erwartet von ihm kein hitziges Wort, vielleicht nicht einmal einen Widerspruch in eigener Sache. Er hält sich bedeckt und eifert nicht um den Beweis, dass er Recht hat gegen die unzähligen Ideen der übermächtigen anderen. Irgendetwas, was von ihm nicht zu erfahren ist, muss dahinterstecken. Aber was?

Machen wir die Probe aufs Exempel. Zur besten Nachrichtenzeit flimmert ein Statement von Joseph Ackermann, ehemals Vorstandschef der Deutschen Bank, in die Wohnzimmer. Der Mann wirkt schweizerisch langsam und solide, einfach und unaufdringlich. Er erklärt freundlich, ohne anscheinend etwas durchsetzen zu wollen. Triumphale Gesten fehlen, eher kann man sich den Mann als Kind vorstellen, der am Abend seinem Vater zufrieden den Turm zeigt, den er den ganzen Nachmittag heimlich gebastelt hat: brav, sympathisch und konform, dabei keinesfalls auf eigene Ideen verzichtend. Herr Ackermann lässt sich von Journalisten fragen und freut sich anscheinend, wenn es jemand tut; er antwortet zuvorkommend und scheint seine Ruhe nicht zu verlieren. Er argumentiert behutsam, er gibt zu bedenken, und scheint selber nichts Bestimmtes durchsetzen zu wollen, weder mit der Brechstange noch im Sinne des jammernd vorgetragenen Forderungskataloges, mit dem Führungskräfte der Wirtschaft und ihrer Verbände die Zuschauer zu dieser Sendezeit regelmäßig verärgern.

Ist Herr Ackermann, immerhin einer der höchstdotierten Manager, ein Kandidat für die unaufgeregte und in Bescheidenheit daherkommende Einfachheit? Jede zustimmende Antwort würde den üblen Verdacht erregen, dass unsere Gedanken über die Bescheidenheit schlichtweg abwegig sind. Herr Ackermann steht in den Augen seiner zahlreichen Kritiker für ein außerordentlich aggressives Geschäftsgebaren nach außen und nach innen. Brutale Vorgaben peitschen Mitarbeiter in chaotische Anforderungen und machen unzähligen Unternehmensbereichen und Kunden eine Risikobereitschaft schmackhaft, die kein Zeichen von Bescheidenheit erkennen lässt.

Wie kann man auf der Klaviatur der Bescheidenheit spielen und durch sein Stück eine hohe Glaubwürdigkeit erreichen, selbst wenn es bekannten Fakten widerspricht? Anscheinend wohnt dem Repertoire der Bescheidenheit eine tiefe Verführungskraft inne. Woher sie kommt, wird durch einen Blick in die europäischen Denk- und Mentalitätsgeschichten erhellbar. Die Sprachspiele, die den Bescheidenen wie eine Achtung gebietende Atmosphäre umwehen, ziehen alle semantischen Register der Einfalt, der Askese oder der aufopfernden Nächstenliebe. Sie lassen eine Art der religiösen Aura entstehen. Verzichtet man darauf, dem Bescheidenen ein heimliches Glaubensbekenntnis unterzuschieben, lauern immer noch die philosophischen Versatzstücke alter Zeiten auf ihre späte Stunde.

Epikur und seine Jünger brauchten nicht viel, weil nur weniges wirklich glücklich macht und die falsche Lust von schlimmer Reue entwertet wird. Sie wollten sich an Begierden und ihre Objekte nicht anketten lassen. Was man für das wahre Glück nötig hat, ist einfach zu beschaffen: Eine freundliche Natur stellt es für den bereit, der seine natürlichen Bedürfnisse kennt und befriedigen will. Doch nun tritt etwas auf den Plan, das diese glücksversprechende Ökologie der Lust völlig auf den Kopf stellt – eine Krankheit, deren Therapie die Epikureer zu ihrer Sache machten. Die Begierden jagen dem hinterher, was man gerade nicht braucht. Der Luxus stachelt chaotisch wachsende Bedürfnisse auf und gaukelt Lüste vor, die von ihrer Befriedigung förmlich abgekoppelt sind: Je mehr man hat, je mehr man will. So verwandelt sich die Lust, die ein kostbares Gut des Menschen ist, zu etwas Üblem. Weil die Welt des Konsums ihre Glücksversprechen nicht halten kann, machen endlose Begierden die Menschen ruhelos: Irgendwo muss doch die Lust zu finden sein, der man im Wettlauf um die begehrten Güter kopflos hinterherläuft. Die Öffentlichkeit wie auch das Innere der abhängig gewordenen Menschen werden zu einem Kampfplatz um die knappen Mittel des Überflusses. Bescheidenheit hieß ein hochwirksames Medikament im Koffer des epikureischen Philosophen-Therapeuten. Die Genügsamkeit, schrieb Epikur an Menoikus, „halten wir für ein großes Gut, nicht um uns in jedem Falle mit Wenigem zu begnügen, sondern um, wenn wir nicht die Hülle und Fülle haben, uns mit dem Wenigen zufrieden zu geben in der richtigen Überzeugung, dass diejenigen den Überfluss mit der stärksten Lustwirkung genießen, die desselben am wenigsten bedürfen [...].“ (Epikur an Menoikus; Diogenes Laertius, Bd. II, 283) Es gibt keine gute Lust in der Abhängigkeit, sagte Epikur, der vehement darauf bestand, dass jede Philosophie auf Sand gebaut sei, der es nicht gelinge, Wege zum Glück des freien Menschen zu weisen.

Den Stoikern hingegen wurde die Lust abgrundtief prekär; sie schränkten sie immer rigider ein. Wie der Gast an der Tafel muss man ruhig warten können, bis einem das Mahl aufgetragen wird. Wer es dann sogar stolz verweigert, ist schon einen Schritt weiter: Er ist Tischgenosse der Götter, die überhaupt nichts brauchen. Der höchste Genuss ist der Sieg über die Leidenschaften. (Epiktet, Handbüchlein der Moral und Unterredungen § 34, S. 43) Ataraxia und Eudaimonia gehen im Weisen ihre Ehe als Sturmesstille im Gemüt und beständige Glückseligkeit ein. Die Stoiker sprachen dem Weisen die handelsüblichen Leidenschaften mit Ausnahme der Freude, der Vorsicht und der Gutwilligkeit ab. (Diogenes Laertius, Bd. II, 61) Sie ließen kaum einen Flecken der Welt der Natur und des Menschen unerklärt, beharrten aber darauf, dass wenig zu reden naturgemäß sei. Der Weise braucht die Diskurse nicht mehr, er ist sich selbst genug. Er schweigt, auch wenn er wortreich alles schön erklären könnte. Wenn er offen redet, dann nur zu Freunden.

Die Weisen der Schule Epikurs und der Stoa fühlten sich weiteren Auskunftsverpflichtungen entbunden und erklärten auf ihre Weise, dass der Weise gemäß seiner Natur, der All-Lenkerin mit Vernunft und Augenmaß, lebt. Philosophischen Geistern fiel es nie schwer, Architekturen aus Begriffen und erfinderische Trennungslinien einzuziehen, wo es zuvor bunt und durcheinander herging. Werden die von Gier, Unruhe und nicht enden wollenden Ansprüchen geplagten Menschen von durchaus natürlichen Leidenschaften herumgeführt wie der Stier in der Arena, dann handelte es sich eben um die falsche Natur, die untere, die ohne den Geist der Weltvernunft. Der Verlust ihrer vernünftigen Lenkung im Fieber kopfloser Begierden war ihr größter Feind.

Epiktet antwortete seinen römischen Schülern, die nicht einsehen wollten, warum ein philosophisches Leben so hartnäckig gegen das Vergnügen opponiert und den Untergang seiner Attraktivität förmlich einübt, geradeheraus: „Mensch, du warst doch immer bescheiden und bist es jetzt nicht mehr: Hast du da nichts verloren?" (Epiktet, Arrian's Discourses of Epictetus Book IV, IX, 6; eigene Übersetzung d. A.) Lust wird zum Verlust, Bescheidenheit zum philosophischen Gut. Sieht man sie aus einer distanzierteren Perspektive, dann ist im Umfeld dieser Bescheidenheit eigentlich nichts einfach, sondern von erlesener Zwietracht. Jede Befriedigung scheint nun dem prinzipiellen Verdacht unterworfen zu sein, nicht die richtige zu sein.

Die christlichen Metaphysiker des Mittelalters fanden hier ihr ideales Terrain. Sie mischten den Erlöser und sein Heilsprogramm ins philosophische Salbtöpfchen, doch die Ehe der Stumesstille im Gemüt und des dauerhaften höchsten Glücks ließen sie ungeschieden. Die hochgelehrten Magister und Doctores empfanden sich selber, wo sie vermeinten, diesen Gipfel erklommen zu haben, als Kind dieser Verbindung. Einfachheit und Bescheidenheit war ihr Siegel, manchmal kam eine Träne als Ausweis der echten Erfahrung dazu. Die ganze Welt wurde zu Wachs, das nach dem Stempel des Weisen, der sie hinter sich gelassen, ja „überwunden" hatte, lechzte. Das Schweigen, das Thomas von Aquin vor seinem Tode überfiel und der Tradition als Gipfelpunkt unaussprechlicher Weisheit erschien, war das für ihn Einfache und für die anderen (noch) Unmögliche. Es galt als letzter Punkt der philosophischen Bemühungen und hielt sie zusammen, wie der Schlussstein im Scheitel des gotischen Gewölbes die ganze Konstruktion der aufstrebenden Pfeiler trägt.

Bescheidenheit kommt in dieser Vollendung von einem anderen Ufer und hat die Sprache verloren. Ihr tiefstes Wesen zeigt auf das Sein jenseits der Erklärungen und Debatten. Es ist in Frieden mit aller Welt. Das vorgezogene Jenseits des schweigenden Thomas von Aquin ist der Kulminationspunkt einer philosophisch-theologischen Ansicht der Bescheidenheit, deren szenische Dramaturgie durch die Zeiten hindurch in unzähligen Variationen aufgeführt wird. Noch heute gilt der Bescheidene als derjenige, der schweigend weiß und ein nicht gerade unwichtiges Geheimnis hütet. Es scheint ihn aus den Händeln der Welt zu erretten und ihm eine Sonderposition zuzusprechen.

Kann man das Bescheidenheit nennen? Herr Advocatus Diaboli würde eher auf Anmaßung plädieren: Wer darf sich herausnehmen, sich besser als die ganze Welt zu dünken und ihre verwirrende Vielfalt in einen lächerlich kleinen Topf zu werfen? Auf den engstirnigen Etiketten der Metaphysiker steht dann: Vorsicht, Gift! Warnung: Jedes Wort ist eins zu viel und lebensbedrohlich für die Seele! Das Bunte ist des Todes Anfang und die Lust des Teufels Werk! Ist es nicht geradezu die übelste Blasphemie, die ganze Welt als etwas zu apostrophieren, das den Weisen in seiner übernatürlichen Bescheidenheit nichts mehr angeht? Selbst wenn er glaubt, nichts Besseres zu sein – wozu ihn die Bescheidenheit nötigen sollte –, schließt er doch seinen allzu grandiosen Pakt mit den Mächten der hiesigen oder der jenseitigen Welt. Sein Schweigen stört beide nicht. Einen Namen als Unruhestifter wird er sich auch dann nicht machen, wenn Widerstand im Sinne der Moral geboten, ja unausweichlich wäre. Seine Sonne scheint von woanders her; ihre Strahlen lassen nicht viel auf dieser Erde wachsen.

Unser Advocatus Diaboli ist ein belesener Spezialist; er weiß, was er kritisiert und lässt keine der Schwächen aus, die er mit teuflischem Fleiß gerade in den moralphilosophischen Werken der Antike oder des Christentums gesucht und gefunden hat. Er liest die Rede von dieser Bescheidenheit als Kriegsnachricht. Die martialische Metaphorik, mit der sich diese Weisheitssucher auf den Weg gemacht haben und dem treu folgen, springt dem Advocatus Diaboli ins Auge. Leidenschaften werden abgetötet, man stirbt der Welt, um seine Auferstehung als geläuterter Weiser oder als *homo novus* in Christo erleben zu können. Die „Krieger der Tugenden" führen einen Feldzug, sagt der heilige Augustinus: „Soldaten solcher Art feuert des Apostels Tuba mit diesem ihrem Klang zur Schlacht an: ‚Nicht also herrsche', sagt er, ‚die Sünde in eurem sterblichen Leibe' [...]." (Augustinus, Die Enthaltsamkeit, 8 f.)

Die Kirche wusste gut, warum ihr die vielen „Irrlehren" wie die eines Meister Eckehart überhaupt nicht passten. Er verstand das „Stirb und Werde" im Sinne eines radikalen Friedensgebotes. Es raubte dem Einzelnen nicht die Luft, sondern zeigte ihm seine größere Welt: „Ein jeder behalte *seine gute* Weise und beziehe *alle* (anderen) Weisen darin ein und ergreife in *seiner* Weise *alles Gute* und *alle Weisen*. Wechsel der Weise macht Weise und Gemüt unstet." (Meister Eckehart, Deutsche Predigten und Traktate, 79) Das Schweigen des Meister Eckehart lehrt etwas, ohne dass wir schon durch die geltenden Lehrmeinungen wüssten, was. In merkwürdiger Ferne liegen plötzlich alle positionsbestimmenden Argumente und klärenden Landkarten, selbst Gott scheint seinen Thron zu räumen. „Es gibt keinen gleich guten Rat, Gott fahren zu lassen, als ihn dort zu finden, wo man ihn fahren lässt", ketzerte Meister Eckehart und empfahl, selbst von der Verzückung abzulassen, sollte ein anderer unsere Hilfe brauchen. (Meister Eckehart, a.a.O., 67 f.) Man kann sich vorstellen, dass er dem anderen das benötigte „Süpplein" gab, ohne ihm das Odium seiner Verzückung gleich mit zu verabreichen oder ihn dafür anzuklagen, dass er als Teil der schlechten Welt dem Leuchten der höchsten Ekstase in die Quere gekommen ist.

Eckeharts Rat vermasselt unserem Advocatus Diaboli das Spiel: Er empfahl zu tun, „wozu du am meisten geneigt oder bereit bist: auf *das* verlege dich und achte scharf auf dich selbst." (Meister Eckehart, a.a.O., 79) Diese Bescheidenheit hält sich vom Arsenal furchteinflößender Glaubenswerkzeuge frei. Sie appelliert an das Selbstbewusstsein und die Kräfte der Selbstbestimmung. Und wenn die Bescheidenheit gerade darin bestünde, sich bei aller Bereitschaft zur Veränderung nicht auswechseln zu wollen und auf die geradezu unbescheiden wirkende Frage zu stoßen, in welch erschreckender Vielfalt und Tiefe dieses Auswechseln bereits stattgefunden hat? Der Bescheidene merkt, dass er oft zu spät kommt: Seine Geschichte war anders – seine Gegenwart soll es aber nicht sein. Eckehart, der der Mystik ein philosophisches Gesicht gab, war zurückhaltend. Er beschrieb ein Etwas, mal Funke, mal Punkt, und hielt sich an das Schweigen, das die mögliche Erfahrung nicht von vornherein mit Bildern oder Konzepten überformt.

Sind wir dem verwirrenden Lichtspiel auf den Leim gegangen, das noch heute durch die bunten Glasmosaike der gotischen Kathedralen fällt? Dichten wir um die Bescheidenheit einen einfachen Kranz von Sagen, Erzählungen und Metaphern, so dass wir am Ende wenig Philosophisches in die Scheune fahren? Aber wer stellt sich einen Dichter schon als einen „einfachen" Menschen vor? Bescheidenheit geht ja noch hin, man verknüpft sie gönnerhaft mit irgendeiner ästhetischen oder asketischen Marotte, wenn sie nicht gar, bei nicht besonders ambitionierten Geistern, als Exerzitium der Höflichkeit durchgeht. Von Nietzsche und seinen Nachdenkern haben wir gelernt, dass asketische Ideale für einen Künstler – im Unterschied zum Philosophen oder Gelehrten – nichts gelten, während sich alle anderen, deren Lebenskraft versiegt und denen sowieso schon kalt ist, gern beim Nichts-mehr-Wollen unterstellen – mit oder ohne Weihrauch.

Und die wenigen, denen Nietzsches Sympathie galt? „Ein Geist aber, der seiner selbst gewiss ist, redet leise; er sucht die Verborgenheit, er lässt auf sich warten." (Nietzsche, Zur Genealogie der Moral. III, § 8) Stellen wir uns die Bescheidenheit in Person nicht gerade so vor? Aber warum sucht Nietzsches „Weiser" die Bescheidenheit, die in der Verborgenheit blüht und in immer leiseren Worten eine Resonanz sucht, die kein vorschnelles Verständnis einlösen wird? Einfachheit meint hier geradewegs, am Weg des selbstbewussten Erkennens festhalten zu können und die Bescheidenheit aufzubringen, es nicht unbesehen gegen angeblich Besseres, Spannenderes, Leichteres und Lustvolleres einzutauschen. Sie ist die Konzentration, die ihre Tiefen kennt und sich dem Kaleidoskop verkündeter Meinungen entzieht. Diese Distanz klärt sie über die Komplexität einer widersprüchlichen Welt auf. Sie ist Voraussetzung philosophischen Denkens.

Am liebsten würde der Bescheidene wohl nicht allzu viel über sich verlauten lassen oder zumindest flüstern wie Kafkas Hungerkünstler, der überraschenderweise das eine Ohr eines wirklich Hörenden findet. Den anderen würde er auf ihre Fragen keine Antwort geben, das Köpfchen schütteln und so tun, als hätte er nur das Gezwitscher der Vögel gehört. Würden sie sich zumindest vorstellen können, wie wenig ihm ihre Worte zu sagen haben, wäre der erste Schritt getan. Bescheidenheit träte ihnen ins Bewusstsein als das, was ihnen fremd ist. Könnten sie dann wenigstens fühlen, dass Bescheidenheit ihnen selber abgeht und welche Verluste damit verbunden sind? Die Stoiker hätten diese Einsicht an den Beginn der philosophischen Laufbahn gesetzt. Den mittelalterlichen Metaphysikern wäre diese Offenbarung der eigenen Unbescheidenheit als eine der vielen Sprachrohre Gottes vorgekommen. Ein Nietzsche hätte vielleicht darauf gewartet, dass die Wenigen, die wirklich zu dieser Einsicht gelangen, sie ohne große Worte teilen. Kafka konnte auf diesen Moment nicht mehr hoffen und hat im Hungerkünstler doch sein unerwartetes Zustandekommen in letzter Sekunde beschrieben.

Kafka kannte die andere Seite der Bescheidenheit gut genug – die stumme, die in falscher Demut verschluckt, was zu sagen wäre. Er arbeitete in der „Arbeiter-Unfallversicherung" in Prag. Jeden Tag verunglückten Menschen und gerieten in die Fänge der Bürokratie. Ihr Leid verfolgte ihn. Seinen Tagebüchern vertraute Kafka die schrecklichen Visionen an, in denen Messer auch durch seinen eigenen Körper fuhren und ihn zerstückelten. Die verstümmelten Menschen kamen und saßen vor den Schreibtischen von Bürokraten, die vor allem den finanziellen Schaden für ihre Versicherung gering halten mussten. Kafka vertraute seinem Freund Max Brod seine Erschütterung an: „Wie bescheiden diese Menschen sind. Sie kommen zu uns und bitten. Statt die Anstalt zu stürmen und alles kurz und klein zu schlagen, kommen sie bitten." (Max Brod, Franz Kafka, 102)

Kafka hatte das Spiel durchschaut. Die Unglücklichen schweigen in der Hoffnung, jemand, dem sie demütig ihren Fall vortragen, werde sich ihrer annehmen. Das wird nicht geschehen. Kafkas literarische Figuren ziehen die Konsequenz. Sie fasten wie sein Hungerkünstler, sie schweigen wie der Türhüter vor dem Gesetz oder sie verlieren, wie der Landarzt, ihre blühende Praxis. In ihrer letzten Bescheidenheit retten sie, was für die Menschheit noch zu retten ist. Kafkas Sängerin Josephine, die Maus mit einer Stimme, die kaum noch ausreicht, um wenigstens pfeifen zu können, singt doch betörend schön. Sie versetzt den, der sie hören kann, in einen stillen Frieden: „sie ist die einzige; mit ihrem Hingang wird die Musik – wer weiß, wie lange – aus unserem Leben verschwinden.“ (Kafka, Josephine, die Sängerin oder das Volk der Mäuse, 200)

5. Der Zwang zur Bescheidenheit

Der Arzt hat's verboten, der geduldige Patient schränkt sich brav ein. Das hat etwas Vernünftiges und ist wohl nicht zum Lachen, aber belächeln wird man es heimlich schon. Die Einschränkungen demaskieren den Menschen. Jetzt lässt er endlich ab von Fett, Alkohol, Tabak oder allem, was der kleinen Münze der eingefleischten bissigen Redensarten einen raschen Umlauf gewährt. War er zu gierig? Sieht er nicht blass aus? Dachte er wirklich, er kommt mit seiner Lebensweise durch, ohne dass sich das Leben für die Missachtungen rächt, die das Gedächtnis des Unbeteiligten plötzlich so mühelos auflisten kann? Entpuppt sich seine ganze Existenz nicht als unverantwortlicher Umgang mit sich selbst? Er war doch immer so stolz: sein toller Wein, seine fetttriefenden Gerichte, die er den anderen noch als kulinarisches Muss aufgeschwatzt hat! Was bleibt von dem Lebemann in diesem Kleinformat übrig? Ein schlechter Witz seiner selbst. Nun isst er bescheiden.

Der Reichtum ist passé: Man kennt das und weiß doch gut genug, welche ökonomischen Verwerfungen den Einzelnen wie eine übermächtige Woge ergreifen und chancenlos herumtreiben lassen, während ihn ein sozialpolitisches normiertes Schicksal erwartet. Dass rettet ihn nicht vor den Blicken, die ihn gerade als den Einzelnen ansehen, bei dem die Schuld zu suchen ist. Er hatte nicht, er konnte nicht, er wollte nicht, er wusste nicht – womit gleichzeitig gesagt ist, ich, der Kommentator, hätte gekonnt, gewollt, gewusst und getan. Alles wird Fassade: Der gestrige Reichtum, bestaunt, geneidet oder auch allzu sichtbar vorgeführt, ist um Schuhnummern zu groß.

Jetzt kauft der beim Aldi: willkommen in der Welt, von der er sich hochmütig ferngehalten hatte. Bescheiden ist er geworden? Den lehrt doch nur die Not. Wirkliche Bescheidenheit aber kann die Not ihn nicht lehren, denn dieser Mensch ist unverbesserlich. Sein Hunger ist und bleibt der beste Koch. Wo das Wasser im Munde zusammenläuft, sei es auch nur von nicht mehr realitätsgängigen Phantasien bewirkt, findet das alte Spiel von Konsumzwang und Gier immer noch statt, nur ihre Plattform hat sich ins geheime Innere verlagert.

Der aggressiven bürgerlichen Alltagspsychologie ist durchaus zu trauen, liefert sie doch Proben aufrichtigen Denkens. Man bringt es gegen andere in Stellung, auf sich selber will man dergleichen nicht bezogen wissen. Das Moment ihrer Wahrheit besteht im Exerzieren des Zwanges, Bescheidenheit nicht anerkennen zu können, sondern unter weitschweifigen Verdacht zu stellen. Der begabte Musiker hat lange für das Konzert geübt, doch niemand kommt. Geschieht ihm recht, sagen die, die gleichfalls Dutzende Geschichten von unerkannten musikalischen Genies, die erst ihre Nachwelt als solche erkennen wollte, zum Besten geben. Das neue Buch des Autors – ein Flop. Was hat er sich eingebildet? Man kann die Verkaufszahlen im Internet leicht recherchieren und hat sofort die Anmaßung des Schreiberlings dingfest gemacht. Früher war alles besser, da gab es wirkliche Genies, die die Zeit herausforderten: Freuds Traumdeutung war über die ersten Verkaufsjahre *der* Ladenhüter und konnte nichts anderes sein. Der Autor igelte sich trotzig in seine Aufgabe ein. Seine *splendid isolation* stellt für den heutigen Leser die romantischste Phase der Revolution der Psychoanalyse dar: Hier ist er ganz allein mit dem ganz einsamen Freud und winkt ihm quer durch die Zeiten zu: Gib nicht auf, ich werde dein Buch lesen, denn ich gehöre zu denen, die erkannt haben, was du noch so mühsam zusammenstoppeln musstest. Lauf nicht dem leicht erreichbaren Ruhm hinterher, sondern kuschel dich in deine Bescheidenheit ein, um das Große zu leisten, dessen Teil ich bin.

Kein ernsthafter Autor wäre über eine solche „Unterstützung", postmortal oder ihn gerade noch rechtzeitig erreichend, glücklich. Er kennt den Wahnsinn des Werkes, das sich in Träumen bildet, in unerwarteten Sätzen, die von irgendwo her einfliegen, weiterschreibt und vieles erblassen lässt, was sonst die Aufmerksamkeit gefesselt hätte. Im Schreiben ist man ganz woanders; nicht selten wird das Lieblingsessen kalt. Das eigene Leben gruppiert sich um ein waches, dynamisches Zentrum, das zu einem vertrauen Begleiter wird und dennoch seine unerkannten Tiefen hat. Der Schriftsteller ist vergesslich wie der zerstreute Professor auch. Er wird nicht alles gleichzeitig tun und den Bürojob, den er zunächst durchaus gemocht und mit eigener Initiative ausgefüllt hat, hassen wie Franz Kafka, wenn ihm das Werk in die Quere kommt. Wohin soll er sich wenden, um aller Welt zu sagen, dass sie ihn und sein weitaus wichtigeres Buch in Ruhe lassen soll? Er will ja nichts oder nur jämmerlich wenig von den anderen; er ist der bescheidenste Mensch.

Klösterliche Ambitionen liegen auch für den nahe, der sich wie Nietzsche nicht dem Modergeruch ihrer christlichen Traditionen anschließen würde. Er träumt von der kleinen, bedürfnislosen Gemeinschaft, ganz dem hingegeben, was im Schreiben Präsenz wird. Er will in Ruhe gelassen werden, selbst wenn er wie Rilke längst erfahren hat, dass er den intensivsten Kontakt mit der Welt braucht: „Denn Verse sind nicht, wie die Leute meinen, Gefühle (die hat man früh genug), – es sind Erfahrungen. Um eines Verses willen muss man viele Städte sehen, Menschen und Dinge, man muss die Tiere kennen, man muss fühlen, wie die Vögel fliegen, und die Gebärde wissen, mit welcher die kleinen Blumen sich auftun am Morgen. Man muss zurückdenken können an Wege in unbekannten Gegenden [...].“ (Rilke, Die Aufzeichnungen des Malte Laurids Brigge, 724) Über allem steht ein ungenanntes Motiv der völligen Rekonstruktion. Für Franz-Xaver Kappus, den ratsuchenden angehenden Schriftsteller, hatte Rilke die Empfehlung: „[...] es gibt nur *eine* Einsamkeit, und die ist groß und ist nicht leicht zu tragen [...]. Einsam sein, wie man als Kind einsam war, als die Erwachsenen umhergingen, mit Dingen verflochten, die wichtig und groß schienen, weil die Großen so geschäftig aussahen und weil man von ihrem Tun nichts begriff.“ (Rilke, Briefe an einen jungen Dichter, 29)

Man hat anderes zu tun; ja man hat überhaupt etwas zu tun in einer Umwelt, deren leerer Geschäftigkeit man kaum entkommt. Bescheidenheit wäre kein Wort und würde keine Fragen beinhalten, die dabei in den Sinn kämen. Der Entwurf eines Lebens ist sie nicht, denn kein einziges inhaltliches Ziel würde das Stichwort der Bescheidenheit jemals plausibel machen können. Ihre charakteristische Zwanglosigkeit verdankt sie der existenziellen Sicherheit, dass es gerade Wichtigeres gibt als sich von irgendwelchen verlockenden Angeboten davon abhalten zu lassen. Selbst dem fleißigen Bordellgänger Georges Simenon wurden seine Romane zur keuschen Klausur der wenigen Tage des Schreibens. Nicht umsonst ist er ein Meister der kurzen atmosphärischen Schilderungen, die den Leser vielleicht gerade deshalb so intensiv in die Romane und Kriminalgeschichten hineinziehen, weil sie das auch für den Autor geschafft haben.

Nennt man das Bescheidenheit, dann fehlt ihr noch viel. Was tut sie für den, der sie als willkommene Lebenspraxis begrüßt? Wie sieht sie in der Außenperspektive derer aus, die sich plötzlich an den fernen Rand der Welt dieses Menschen gedrängt fühlen? Sie verbuchen die Distanzierung zu Menschen und Dingen notwendigerweise unter der Rubrik des hochtrabenden Pathos, weil sie selber nicht an deren Beweggründen teilnehmen. Da setzt sich jemand aus der ihnen vertrauten Welt ab. Nimmt er ihre Zwänge auf die leichte Schulter? Man muss doch, aber warum bildet der sich ein, nicht zu müssen? Wahrscheinlich unterliegt er einem innerlich verstümmelnden Regiment. Damit unterstellen die distanzierten Zuschauer, nicht immer zu Unrecht, Bescheidenheit sei nur ein Zwang mehr und einer zu viel.

Sie sagen, was sie denken. Wenn man schon Bescheidenheit üben muss, dann bitte strategisch: Es wird auf den Urlaub oder das neue Auto gespart, manchmal auch auf das Seelenheil, das dem Geläuterten, der begeistert verzichtet, versprochen ist. Max Webers Analysen der Entstehung des Kapitalismus aus dem Geist des Protestantismus bergen in dieser Frage ein längst nicht ausgeschöpftes Potential von Erkenntnissen: Luxurierende Neigungen schaden der Kapitalbildung und der christlich auf Verzicht gestimmten Seele gleichermaßen. Das englische Wort *comfort* lässt in den Geburtsstunden des modernen Kapitalismus an ein Zufriedensein in der selbstauferlegten Einschränkung denken, während der Tee die Gemüter erwärmt.

Die Herrschaft einer äußerst realitätstüchtigen Vernunft ermöglicht die neue Form der Eigenliebe, der endlich das philosophisch so lange geforderte Kunststück glücken soll, Leidenschaften zu zähmen und in sozial wohlproportionierte Interessen zu transformieren. Die Bescheidenheit der frühen Kapitalisten nobilitiert die Welt der Produktion und der Aneignung des Überflusses, während anderen Ortes die Not einzieht. Schaut doch, da ist moralisch nichts zu kritisieren; sie erlegen ihren eigenen Gesellschaften gar nicht das schlimme Gesetz der Gier und des fiebernden Haben-Wollens auf, sie trinken nur Tee wie jeder andere Kleinbürger auch. Im Zuge dieser radikalen Uminterpretation wird bald der unbescheiden genannt, der sich dem latent aggressiven Konkurrenzgebaren entzieht und mit seinem eigenen Gemüsebeet dem Fortschritt das Wasser abgräbt. Die moderne Bescheidenheit verlangt, seinen Beitrag zu leisten.

Die Schablonen gesellschaftlicher Anerkennung sehen für den Bescheidenen durchaus typisierte Ausnahmen vor: Manchmal haben Dichter und Denker das ambivalente Glück, unter ihrem Schutz zu stehen und zu arbeiten, vorausgesetzt, ihr Werk lässt sich immer noch als Investition in den kommenden Ruhm verstehen. Dichten und Denken muss sich im Produkt objektivieren und dieses wiederum im möglichen oder wahrscheinlichen Erfolg. Diese Maxime lässt die Eigentumsrechte des Betroffenen an seinem Leben, Denken und Arbeiten nicht unangetastet und erklärt gleichsam, eigentlich gäbe es nichts zu klären oder zu versuchen, was sich dieser sozialen Diskursform verweigert. Kann die Bescheidenheit eines Künstlers denn geltend machen, dass er in seinen monetären Angelegenheiten zwar scheitert, aber trotzdem aus guten Gründen nicht bereit ist, die Konsequenzen zu ziehen und endlich Marktkonformes zu liefern? Schafft er Letzteres und gewinnt er Anerkennung, dann erstrahlt seine frühere „Bescheidenheit" urplötzlich in hellem Glanz. Man nickt; Künstler sind eben so, und das hier ist ein wahrer Künstler, der in sein verborgenes Genie gegen die Baisse an der Börse investiert hat. Alle haben wieder Recht.

Das Intermezzo ist beendet. Das Schaf kehrt zurück in die Herde. Seine Bescheidenheit war ja nur eine momentane Friktion, eine erklärliche Unterbrechung, ein verzeihbares Beiseite-Treten. Der Bruch wird von der Umwelt des gestern noch so verstört wirkenden Künstlers mit wahrer Inbrunst gekittet. Warum hat man es so eilig? Selbst ein Günter Grass legte die Schmuddeljacke aus Cord ab und nahm zur Beruhigung der meisten in feinem Zwirn und mit Fliege den Nobelpreis entgegen.

Dem auf ärztlichen Rat abspeckenden Patienten glaubt man seine Erleuchtung, dass Salat oder kalorienreduzierte Pampen jetzt der Gipfel des Geschmacks sind, nicht so ganz. Dem Arbeitslosen, der aus seiner gutdotierten Stellung in das Loch gefallen ist, in dem er ewig nur die anderen vermutete, kauft man die Entdeckung der Bescheidenheit nicht ab. In beiden Fällen unterstellt man, Bescheidenheit sei ein bloß zeitlich begrenztes Zwischenstück. Aufgeführt würde es zu Zeiten einer Störung, so wie durchaus ein heimeliges Gefühl entsteht, wenn man beim Stromausfall noch eine alte Kerze findet, sie anzündet und staunt, dass alles plötzlich so gemütlich ist. Trotzdem ist der Moment, in dem die Glühbirnen wie von Zauberhand erneut angehen, der Augenblick der Erleichterung. Die Kerzenwelt wird binnen des Bruchteils einer Sekunde zur bereitwillig aufgegebenen Traumwelt. Erst jetzt spricht man aus, was die flackernde Romantik von innen ausgehöhlt hat, nämlich das dumme Gefühl, dass die Uhren im Haus jetzt spinnen, die Einstellungen medialer Empfangsgeräte vielleicht gelöscht sind und dass man dringend nach der Heizung schauen muss.

Bescheidenheit auf Probe hat eine so überschaubare Halbwertszeit, dass niemand auf die Idee käme, sie ernster zu nehmen als ein vorüberziehendes Gewitter. Das macht die Lage eines Menschen, etwa eines Künstlers, der sie zum Leben und Arbeiten nicht nur als Episode braucht, so enorm kompliziert. Er lebt im ständigen

Verdacht, Gewitter zu mögen und sogar zu provozieren. Sie werden ihm gratis von der nicht ganz so bescheidenen Umwelt geliefert. Seine Entdeckung, dass Bescheidenheit Teil eines Lebens ist, dem es nicht um banale Verzichte zu tun ist, sondern um eine Entleerung, die mit einer Erfüllung Hand in Hand geht, ist nicht zu vermitteln. Das Medium frisst die Botschaft gleich auf und verdaut sie zu etwas anderem. Sinn und Geschmack der Bescheidenheit lassen sich nicht an eine bereitliegende Philosophie anschließen, die in der Lage wäre, diese Erfahrung plausibel zu machen. Der Bescheidene findet vielleicht Worte, doch selten wird er anderen sagen können, was diese Worte für ihn bündeln und bedeuten. Irgendwann zwitschert er wie der Vogel, den die anderen ihm zeigen.

6. Nein, danke! oder: Was schenke ich dem Bescheidenen?

Ein Kuchenstückchen ist noch da; wohl dem Hungrigen, der einen Bescheidenen an seiner Seite hat. Das will der bestimmt nicht und wird höflich lustige Gründe erfinden, warum er sich gerade nichts daraus macht. Umso besser. Der genießende Teil dürfte, nach einer gewissen Freude, Bekanntschaft mit einem flauen Gefühl machen: „Und wenn mich dieser Mensch mit seinem Verzicht, getarnt als Bescheidenheit, nur verpflichten will? In Zukunft werde ich nicht nein sagen können, wenn er das letzte Stück nimmt.“ Nichts verpflichtet uferloser als Geschenke. Sie geben mit dem sanften Druck gegenseitiger Erwartungen vor, was man später tun und zurückgeben muss, wobei der Schenkende sich durch seine Vorleistung schon jetzt von weiterer Großzügigkeit dispensieren kann. Der Dumme ist der, der gerade in den Kuchen beißt.

Tauschbeziehungen haben ihr Regulativ im gemeinsamen Wert oder in dem Preis, der für beide Parteien gilt und idealerweise von beiden ausgehandelt und akzeptiert wurde. Der Zeitpunkt des Tausches ist klar und kann unaufgeregt nachgefragt werden. Geschenke wie dieses Kuchenstückchen entkoppeln das alles: Weiß man, wann der angeblich Bescheidene seinen Wechsel präsentieren wird und wie hoch er ausfällt? Er bräuchte noch nicht einmal etwas zu sagen, um zu erreichen, dass man ihm demnächst eine größere Portion, auf die man wirklich Hunger hat, überlassen wird und seinerseits dumme Lügengeschichten erzählt, dass man satt sei und sowieso und sowiefort. Man lebt fortan auf Pump, da ist eine Rechnung offen, die man schlimmerweise von sich selber einfordern wird. Man wird die Komödie des Bescheidenen selber spielen müssen.

Bescheidenheit und Geschenke bauen zusammen eine knisternde Spannung auf. „Gaben müssen den Beschenkten so tief betreffen, dass er erschrickt“, schrieb Walter Benjamin. (Benjamin, Einbahnstraße, 112) Ob der Bescheidene gern erschrickt? Es ist zum

Bezweifeln. Und der Schenkende erst: Will er dem Empfänger mit dem überdimensionierten Geschenk eine Lektion erteilen? Es wäre nicht zu wünschen. Die Lesart von Benjamins Satz, die solchem Missverständnis aus dem Wege gehen kann, müsste Schutz bei der Bescheidenheit selber suchen: Es ist nicht die Monumentalität eines Geschenks, die Größe, das Odium des hohen Preises oder gar der Tatsache, dass nur wenige dieses seltene Stück besitzen werden. Es ist das tiefe Betreffen, das nur dann mit einem Geschenk einhergeht, wenn es die unerwartete Offenbarung eines „Gespräches" buchstäblich vor Augen führt, das im Inneren des Beschenkten beheimatet ist und plötzlich den Augenblick der Mitsprache eines anderen erlebt. Da ein solcher Moment nicht planbar und durch keine Schenkungskünste herstellbar ist, bleibt er vom Einbruch der verpflichtenden Gegenseitigkeit einer Tauschbeziehung frei. Die Öffnung aber erleben zwei; für beide wird sie eine Möglichkeit ihrer Zukunft sein. Einen Anspruch darauf hat keiner.

7. Ist der Bescheidene satt?

Der vollgefressene Löwe blinzelt müde der Gazelle zu, die dicht vor seinem Schlund grast und weiß, dass ihr keine Gefahr droht. Auch im Falle des Bescheidenen macht die Gelegenheit keine Diebe. Wie kann das sein? Ist er so satt, hat er keinen Hunger, der ihn plötzlich überfallen könnte? Er scheint sich selbst genug und damit in schreiendem Widerspruch zu einer Welt, in der niemand sein schier endloses Begehren wirklich kontrollieren kann.

Freud ist nicht müde geworden, zu betonen, dass das Unbewusste niemals in der Lage sein wird, einen Triebanspruch aufzugeben. Bescheidenheit müsste sich der Kräfte und Abwehrformationen bedienen, die die Neurose prägen: „Denn diese Seele ist nichts Einfaches, vielmehr eine Hierarchie von über- und untergeordneten Instanzen, ein Gewirre von Impulsen, die unabhängig voneinander zur Ausführung drängen, entsprechend der Vielheit von Trieben und von Beziehungen zur Außenwelt, viele davon einander gegensätzlich und miteinander unverträglich. [...] Das Ich fühlt sich unbehaglich, es stößt auf Grenzen seiner Macht in seinem eigenen Haus, der Seele. [...] Es tauchen plötzlich Gedanken auf, von denen man nicht weiß, woher sie kommen. [...] Diese fremden Gäste scheinen selbst mächtiger zu sein als die dem Ich unterworfenen [...]. Das Ich sagt sich, das ist eine Krankheit, eine fremde Invasion, es verschärft seine Wachsamkeit [...].“ (Freud, Eine Schwierigkeit der Psychoanalyse, 7-9) Der Bescheidene wäre entweder die menschliche Existenzform des satt-schläfrigen Löwen oder der Schauspieler, der sich gut im Zaum zu halten versteht. Er muss endlos wollen und als Antwort auf diesen Zwang will er endlich das müssen, was ihm die Kontrolle seiner Neigungen verspricht, aber bestenfalls doch nur vorgaukeln kann.

Die Souveränität des Bescheidenen ist in der Psychoanalyse Freuds ein Akt der Selbsttäuschung. Man identifiziert sich mit dem Aggressor, der verbietet, was man dann nur noch insgeheim will und durch Entstellungen unkenntlich macht. Kultur leistet die halbwegs friedliche Integration des Einzelnen in dieses allgemeine Unglück. Sie lebt davon, dass der Verzicht plausibel und zustimmungsfähig wird. Bescheidenheit ist eine dieser impliziten kulturellen Normen. Hat Freud damit alles gesagt, was er denkt und was ihn bewegt?

Ein gewichtiges Wort in Freuds Schrift *Die Frage der Laienanalyse* sagt mehr. Freud kritisiert die medizinischen Wissenschaften für ihren lockeren Umgang mit Problemen, denen die Psychoanalyse ihre ganze Aufmerksamkeit widmen muss. Sie vermeinen, sich deren Geheimnisse ohne Forschung und Praxis aneignen zu können. Freud: „Je weniger sie vom Gegenstand verstehen, desto unternehmender werden sie. Nur der wirklich Wissende wird bescheiden, denn er weiß, wie unzulänglich das Wissen ist.“ (Freud, Die Frage der Laienanalyse, 264) Bescheidenheit kommt hier gar nicht schlecht weg, weil sie ihr Gegenteil, die Anmaßung, vor Augen hat.

Ist es für Freud undenkbar, dass dies auch in Fällen der Lebenspraxis, fern des wissenschaftlichen Betriebes, stattfinden kann? Wäre ein Mensch unvorstellbar, der seinen Wünschen und seinen Begierden mit derselben Art begegnet und inne wird, wie wenig sie mit dem zu tun haben, was er ist und was ihn wirklich bewegt? Die Frage betrifft keinen Randbereich der Psychoanalyse; jeder Leser der *Traumdeutung* weiß, dass sie stark auf Situationen beruflicher Konkurrenz eingeht und entsprechendes Traummaterial nutzt, um den Mechanismus des Träumens überhaupt zu ergründen. Im Umkehrschluss wäre zu fragen, ob Freuds Idee der nur im Wissen zu grundierenden Bescheidenheit nicht weit über die bloße Zurückweisung medizinischer Scharlatanerie hinausgeht.

Der Mann Freud war fleißig und so bescheiden, dass er sich förmlich in sein Arbeitszimmer mit seinem Tabakqualm vergrub, um dann am Wochenende seine geliebte Tarock-Runde als Ausgleich und Glück zu erleben. Zu Neujahr gab es tatsächlich eine Flasche Champagner, und wenn, wie die Haushälterin Paula Fichtl berichtet, die reichen Patienten und Gäste nicht ab und zu den Kaviar vorbeigebracht hätten, auf den Freud so versessen war, wäre er mit Sicherheit dem Sparregiment seiner Frau Martha zum Opfer gefallen. (Berthelsen, Alltag bei Familie Freud, 52)

In sein Arbeitszimmer zurückeilend, entdeckt Freud, dass die meisten Menschen nur aus Not arbeiten, also dazu angetrieben werden müssen, wovon er selbst gar nicht genug kriegen kann. (Freud, Das Unbehagen in der Kultur, 331). Die Befriedigung durch frei gewählte Arbeit kann sich durchaus mit den anderen Verlockungen messen; von diesem Kuchen nahm Freud ein so großes Stück, dass sein physisches Wohlergehen bisweilen auf der Strecke blieb. Freud verbuchte diese Lust gern als trotzigen Stoizismus und Ausnahmeerscheinung der Sublimierung sexueller Triebe, mit der auch andere Künstler und Wissenschaftler ihre Werke auf Temperatur bringen.

Die Sublimierung, in deren Dunstkreis die Freud'sche Bescheidenheit gehört, bleibt in seinem Werk ein schillerndes und längst nicht mit der gewohnten Sorgfalt hin- und hergewendetes Konzept. Ist nur das Triebziel auf kulturelle Leistungen verschoben, oder gilt, was Freud in der *Einführung in die Psychoanalyse* vermerkt? „Eine gewisse Art von Modifikation des Ziels und Wechsel des Objekts, bei dem unsere soziale Wertung in Betracht kommt, zeichnen wir als Sublimierung aus.“ (Freud, Neue Folge der Vorlesungen zur Einführung in die Psychoanalyse, 103; vgl.: Laplanche, Pontalis, Das Vokabular der Psychoanalyse, 480 f.) Immerhin macht das Tableau, auf dem Freud die Bescheidenheit als eine Randfigur erscheinen lässt, deutlich, dass sie wohl- und übelmeinende Nachbarn hat und nicht in jedes Revier zu verpflanzen ist.

Als sicher darf man unterstellen, dass Freud das Modell der bewussten Selbstkontrolle, die angesichts der ständig drohenden Triebeinbrüche auf Wachsamkeit setzen muss, im Falle seiner Arbeitsseligkeit überhaupt nicht zugrunde legt. Hat dieser Bescheidene einfach gefunden, was unzählige über- und gegeneinander arbeitende Triebansprüche so chaotisch suchen? In Freuds Werk sucht man vergeblich nach weiteren Erklärungen, und auch das lässt sich letzten Endes als Akt der Bescheidenheit verstehen. Ihm lag nichts daran, besondere Menschen mit einem besonderen Triebgeschehen zu qualifizieren, die bestenfalls irritierende Ausnahmen der entdeckten Regel darstellen würden. Freuds Scheu, Kunst und Literatur mit den Mitteln der Psychoanalyse zu erklären, speist sich letzten Endes aus der gleichen Zurückhaltung. Er dreht den Spieß um und erklärte den Dichter zum Proto-Psychoanalytiker: Was er genial ahnt, machen Freud und seine Mannen zu Wissenschaft und Praxis.

Verzichtete er damit auf ein gewichtiges Stück seiner jahrelang mit Akribie und ohne Skrupel vorangetriebenen Selbstanalyse, der die Psychoanalyse überhaupt ihre Entstehung verdankte? Es mag ihm unsinnig erschienen sein, sich mit solchen Spatenstichen selber das Wasser abzugraben. Freud ist kein vollgefressener Löwe. Er sucht und forscht. Was er nicht weiß, interessiert ihn so mächtig, dass er niemals verstehen kann, warum sich andere, etwa seine ärztlichen Kollegen, mit dem Abwaschwasser halbverstandener Theorien zufriedengeben.

Hat Freud aber das Gefühl, etwas gefunden zu haben, dann kehrt sich das Bild völlig um: Der herrschsüchtige Patriarch bricht sich Bahn und hätte am liebsten seine psychoanalytischen Mitstreiter an der kürzesten Leine geführt. Die Spaltungen der psychoanalytischen Schulen und Bewegungen stellen nicht allein Zeichen der gekränkten Eitelkeit eines Adler, Jung oder Stekel dar, die die Genialität des Freud'schen Werkes mit ihrer Kleingeisterei oder abstrusen Konstrukten kontaminieren wollten. Oft lassen sie das tiefe Aufatmen derer hören, die in dieser kontrollierten Aufzucht von Freuds Thronerben und Statthaltern zu ersticken drohten.

Forschen und Heilen lautete das Programm der Bescheidenheit. Die psychoanalytische Grundregel legte dem Arzt auf, sich zurückzunehmen, da sein Dominanzstreben den Patienten verstummen lässt und den psychoanalytischen Prozess beendet, bevor die Steine ins Rollen gekommen sind. Der Eigentumstitel auf die gefundenen „Wahrheiten", die zu Freuds Leidwesen auf Schibboleths bauen mussten und nicht die Exaktheit naturwissenschaftlich abgesicherter Theoreme in Anspruch nehmen konnten, bedeutete das Ende dieser Bescheidenheit. Freud hat dies als Zwang empfunden und stets den Zeiten hinterhergetrauert, in denen er, ganz allein und auf sich selbst gestellt, in der Bescheidenheit seiner anspruchsvollen Erforschung des Unbewussten aufgehen konnte.

Er hatte bitter karge Zeiten durchlebt und wurde zeitlebens von einer abgrundtiefen Verarmungsangst geplagt. Seiner Verlobten Martha, die später das eheliche Sparregiment in seinem Haus führte, vertraute Freud in einem Brief die Gedanken an, die ihm während einer Aufführung von Bizets Oper Carmen in den Sinn gekommen sind: „Das Gesindel lebt sich aus und wir entbehren. Wir entbehren, um unsere Integrität zu erhalten, [...] und diese Gewohnheit der beständigen Unterdrückung natürlicher Triebe gibt uns den Charakter der Verfeinerung. Wir empfinden auch tiefer und dürfen uns darum nur wenig zumuten; warum betrinken wir uns nicht? Weil uns die Unbehaglichkeit und Schande des Katzenjammers mehr Unlust als das Betrinken Lust schafft [...].“ (Freud, Briefe 1873-1939, 57)

Diese frühe Passage weist deutlich auf die spätere Konzeption der Sublimierung hin. Sie ist ganz im Sinne des klugen Stoizismus und der bürgerlich gebotenen Askese gehalten, deren neurotische Grundzüge Freuds Analysen offenlegen werden. „Die Neurose vertritt in unserer Zeit das Kloster, in welches sich alle die Personen zurückzuziehen pflegen, die das Leben enttäuscht hatte oder die sich für das Leben zu schwach fühlten.“ (Freud, Über Psychoanalyse, 54) Freuds Briefstelle sagt allerdings erheblich mehr. Die Rede ist von einer tieferen Sensibilität und vom Bestreben, seine Identität zu erhalten. Bescheidenheit ist mit beiden im Bunde. Keinesfalls fühlt er sich zu schwach. Er hat etwas Anspruchsvolleres als das ihm Gebotene im Sinn.

Freud misstraute der Emphase Nietzsches, las dessen Bücher aber mit großer Aufmerksamkeit. „Nein!“, schrieb Nietzsche. „Das

Leben hat mich nicht enttäuscht! [...] von jenem Tage an, wo der große Befreier über mich kam, jener Gedanke, dass das Leben ein Experiment des Erkennenden sein dürfe." (Nietzsche, Die fröhliche Wissenschaft, § 324) Ohne Sensibilität und Eigenständigkeit wird man es darin nicht weit bringen können. Ist hier Bescheidenheit als selbstgewähltes Leben im Spiel, wird Nietzsche dort zu ihrem Widersacher, wo sie die Grundlagen dieser Befreiung zerstört. Allen „Menschen der geistigen Arbeit [...] wäre es nämlich der Verlust aller Verluste, die feine Reizbarkeit einzubüßen und die stoische harte Haut mit Igelstacheln dagegen geschenkt zu bekommen." (Nietzsche, a.a.O., § 306)

8. Kann man sich Bescheidenheit vornehmen?

Welches Kind wird durch das Schild „Betreten verboten" nicht geradezu magisch animiert, das Gegenteil zu tun, selbst wenn es ihm vorher gar nicht eingefallen wäre, auf die Staumauer zu klettern? Mit zunehmendem Alter wird das Dilemma nicht kleiner: Man nimmt sich viel vor und noch mehr zurück. Stolz gibt man eine plötzlich als abstoßend angesehene Gewohnheit auf und sie kehrt durch unzählige Hintertüren wieder. Die Plastizität des Lebens scheint, wenigstens für einen bestimmten Typus von Entschlüssen, nicht besonders üppig bemessen. Man darf nicht und will darum umso mehr.

Gern würde man sich Hilfe holen, denn die Entscheidung zum Verzicht und ihre konsequente Befolgung sind zweierlei. Unzählige vor uns haben das getan, quer durch alle Zeiten. Einer, der sich im verschwenderischen Lebensgenuss gut auskannte, war Aurelius Augustinus, Rhetorikprofessor und sämtlichen Genüssen zugetan. Seine Mutter und das Christentum belehrten ihn eines Besseren. Er erlebte eine Kehrtwendung seines ganzen Wesens und lebte fortan bescheiden. Nun konnte er anderen Rat geben, denn er kannte sich bei den Sündern wie bei den Heiligen gleichermaßen gut aus. Der Rat, den der Heilige Augustinus seinen „Kriegern der Tugend" zu geben weiß, hat also Gewicht.

Sie ziehen in eine Schlacht, die sie nicht gewinnen können. Zum „Besieger der Lust" wird man nicht durch die peinliche Befolgung von Verboten, die man sich selbst gibt oder von anderen geben lässt. Man braucht einen überirdischen Beistand. (Augustinus, Die Enthaltsamkeit, 8) Man hört den sündenerfahrenen Realisten in Augustinus' Rat sprechen: „Es steigerte das Verbot noch die Begehrlichkeit und machte sie unüberwindlich, so dass die Übertretung hinzukam, die es ohne das Gesetz nicht gegeben hat." (Augustinus, ebd.) Ohne das auferlegte Verbot hätte man mehr Frieden gefunden. Nimmt man sich Bescheidenheit mit Hilfe solcher Einschränkungen vor, so wird man entweder zum Klienten des Himmels oder man spielt dem Teufel in die Arme.

Natürlich ging es Augustinus um die Gründung eines wahren christlichen Lebens, beseelt von den Gnaden des Jenseits. So unbescheiden ist aber nicht jede Bescheidenheit. Sie will nicht gleich mit der ganzen Welt abrechnen, sondern vielleicht nur freier leben und atmen. Im März 1845 besorgte sich Henry David Thoreau eine Axt und zog in die Wälder. Zwei Jahre lang träumte er nicht, sondern lebte sehr wach in seinem Traum, dass „die Weisesten immer ein einfacheres und ärmlicheres Leben geführt [hatten] als die Armen." (Thoreau, Walden oder das Leben in den Wäldern, 37) Diese Weisheit liebte er, und es fiel ihm leicht, selbst auf das Erbärmlichste zu verzichten. Nur so schienen ihm die Lebensrätsel lösbar, denn nur hier erlebte er, dass sein Geist nicht wie zuvor in seinem Leben als Lehrer oder Fabrikant aus allem entfloh, was er machte. Er schaute ihn aus seiner selbst zusammengezimmerten Hütte an und hielt eine zwar stumme, doch umso regere Zwiesprache mit der Natur.

Thoreau fühlte eine Harmonie wachsen, die ihm nicht mehr in dem Sinne parteiisch vorkam, dass sie nur ihm und seinen Plänen gut ins Konzept passte. Er hatte sich verändert und nicht nur seinen Anzug ausgezogen. Er badete im klaren Wasser des Sees, aber nicht in der Undurchdringlichkeit eines verschlammten Bewusstseins. Ja, erst hier wunderte er sich, dass durch dieses klarere und lebendigere Bewusstsein alles an Intensität zunahm und gleichzeitig alles Frühere als blamabel demaskierte, das ihm oder seinen Zeitgenossen in den engen und stickigen Kammern ihres Bewusstseins überhaupt erscheinen konnte. Das Paradox von Augustinus' Verbot, das zu einer unfreiwilligen Schule des Verbotenen wird, blieb ihm erspart. „Das Gute [...], das ich tue, muss abseits von meinem Weg liegen und zum größten Teil unabsichtlich geschehen", notierte er. (Thoreau, a.a.O., 118)

Die Bescheidenheit war ja nicht Selbstzweck, sondern integraler Bestandteil einer Lebenserfahrung, deren Begeisterung Thoreaus

Essay auch für den heutigen Leser entfaltet. Er wird köstliche Schilderungen und auch philosophische Reflexionen darin finden, aber keine Theorie der Bescheidenheit. „Ich möchte um keinen Preis", antwortete Thoreau einem Bekannten, der sein Experiment kopieren wollte, „dass irgend jemand meine Lebensweise befolge [...]." (Thoreau, a.a.O., 115) Man sollte sich seine Form der Bescheidenheit schon deshalb nicht vornehmen, weil das blanke Nachmachen auf dem Verkennen seiner selbst beruhen müsste. Damit wäre die Weiche von Beginn an falsch gestellt.

Thoreau, einer der konsequentesten Denker der Bescheidenheit, kennt sie nicht als Norm, die in Ge- oder Verboten Ausdruck findet und auf deren Verbindlichkeit man insistieren könnte. Umso bedeutsamer wird ihre deskriptive Sinngebung, die seinen eigenen Lebensprozess sehr vielschichtig darstellt und fern jedes argumentativen Zwangs zu entfalten sucht. Alles wird hier wichtig, was in der Vielsprachigkeit des Essays gesagt werden kann: Auch das Summen der Moskitos ist plötzlich eine Botschaft, die im Konzert der Gedanken mitspielt.

Nicht wenige wollten wie Thoreau in die Wälder ziehen und die meisten waren schneller wieder am heimischen Herd, als ihnen lieb war. Sie nahmen sich viel vor, wohl auch die Pflege des bescheidenen Lebens, und machten böse Erfahrungen mit einem Experiment, das nicht das ihre war. Dessen Radikalität zog sie an und ließ die Hoffnung entstehen, durch eine einmalige Entscheidung die Brücken hinter sich abbrechen zu können und das Neuland schon in Besitz genommen zu haben. In diesem Sinne ist Bescheidenheit strategisch und ein Trug. Muss sie das sein?

Gehen wir besser mit Cézanne malen. Da sitzt der an Diabetes erkrankte Alte in seinem Atelierhaus oberhalb von Aix en Provence, der Stadt seiner Kindheit und seines Alters. Alles ist hier einfach: der Tisch, die karge Einrichtung, der Kohleofen. „Gehirnstörungen", sagt er, rauben ihm Lebenserwartung und die Farbeindrücke. Was er sieht, reicht nicht mehr hin, die Leinwand zu bedecken, ohne das Gefühl zu haben, in Abstraktionen zu verfallen. Sind Berührungsstellen der Objekte „fein und zart“, wird das Gemälde unvollständig bleiben. (Vgl.: Cézanne, zit. n.: Peter Kropmanns, Cézanne, 168) Er kennt seine tragischen Verluste und lässt sich nicht abhalten, wann immer es geht, in der Einsamkeit der Natur die Konzentration zu finden.

Das Malen fällt ihm leichter als seine Gedanken zu Ende zu denken; den starken Sinneseindrücken konnte die Krankheit nicht allzu viel anhaben. Nur wandern sie nicht auf geheimnisvollem Wege in die Bilder. Seinem Sohn schreibt er am 8.9.1906: „Ich kann nicht die Intensität erreichen, die sich vor meinen Sinnen entwickelt, ich besitze nicht jenen wundervollen Farbenreichtum, der die Natur belebt. Hier, am Ufer des Flusses, vervielfachen sich die Motive; [...] ich könnte mich während einiger Monate beschäftigen, ohne den Platz zu wechseln, indem ich mich bald mehr nach rechts, bald mehr nach links wende.“ (Cézanne, zit.n. Kropmanns, 186)

Er gibt nicht auf. Warum? Der alte Mann bezeichnet sich selbst als „lichtempfindliche Platte“; diese Platte nennt er gar das „Sein“ des Künstlers. (vgl.: Jonathan Crary, Aufmerksamkeit. Wahrnehmung und moderne Kultur, 270). Seine „Belichtungszeiten“ dehnt er durch lange Meditationen und intensives Sehen fern der Diktate der Uhr aus. Nichts, was er sieht, bleibt ihm; festhalten kann er es nicht. Die lange Zeit des Sehens aber wird Zeugin einer Verlebendigung der Natur, die selbst der inspirierteste Tanz des Pinsels nicht bannen wird. Auf diesen Moment ist er aus, selbst wenn es sein Scheitern als Maler bedeutet, der, wie der Angler, keinen fetten Fang mehr nach Hause bringt. „[...] Ich bin alt und krank und habe mir geschworen, lieber beim Malen zu sterben, als dem entwürdigenden Siechtum zu verfallen, welches den Greisen droht, die sich von sinnenverrohenden Leidenschaften beherrschen lassen“, bekennt er am 21.9.1906 in einem Brief an Bernard. (Cézanne, zit.n.: Kropmanns, 186 f.) Knapp sechs Wochen später stirbt er, nachdem er beim Malen in der freien Natur von einem Unwetter überrascht wurde und einen Schwächeanfall erlitten hatte. (Kropmanns, a.a.O., 203)

Altersstarrsinn, verblendete Hingabe an eine Arbeit, deren Unmöglichkeit, sich in einem Resultat zu verdichten, immer quälender wurde, oder Hoffnung bis zuletzt: Wer weiß, was in ihm vorging? Antworten kann man in Bildern und den wenigen Briefen suchen. Man stößt auf eine Frage, die ständig im Hintergrund lauert: Was ist dieses Bewusstsein, mit dem sich alles ändert, so dass der alte Meister seiner Vitalität nicht mehr mit dem Pinsel folgen kann? Warum war es ihm dennoch eine Frage der Würde weiterzumachen und mehr wert als die Bereitschaft, sich mit der Erfüllung leidenschaftlicher Bedürfnisse die letzten Lebenswochen zu versüßen?

„Seine unermüdliche Aufmerksamkeit auf die Aufmerksamkeit selbst", resümiert der Kunsthistoriker Jonathan Crary, „sein schwebendes Verweilen an der Schwelle, an der das Offenbarwerden untrennbar ist vom Beginn seiner Auflösung, waren gleichbedeutend mit der Grundlegung ebenso wie mit der Überwindung der verwalteten Wahrnehmung der spektakulären Kultur, in welcher die Aufmerksamkeit auf alles aufmerken soll, nur nicht auf sich selber." (Crary, a.a.O., 283) Man könnte noch nicht einmal, wie Heidegger, der sich Cézanne verpflichtet glaubt, davon sprechen, dass sich „im Kunstwerk [...] die Wahrheit des Seienden ins Werk gesetzt [hat]" (Heidegger, Der Ursprung des Kunstwerks. In: Ders., Holzwege, 28), denn Cézanne hat dieses Werk nicht malen können.

Die Bescheidenheit des Unermüdlichen, der sich nicht den wenigen angenehmeren Seiten des Siechtums anvertraut, steht weit hinter dem zurück, was Cézanne als Bescheidenheit des Bewusstseins erfuhr. Er mochte seinen geliebten Mont Saint Victoire auch noch so oft auf die Leinwand gebracht haben – er musste immer wieder beginnen und den Anfang suchen, der sich keiner Wiederholung einer Form unterordnet, die er bereits gefunden hatte. Die Agilität des Bewusstseins, vertieft in Ruhe und offen einer Zeitlosigkeit gegenüber, die minutiöse Veränderungen registriert, ist die Lehrerin der Bescheidenheit Cézannes. Kein Verbot reicht in diese Intimität, kein Verzicht ist in ihr spürbar. Ganz im Gegenteil: Es wäre der gravierendste Verlust, sie durch Einwilligung in selbstauferlegte Beschränkungen zu verlieren. Kein Handel, der sich einen etwaigen Verzicht mit kommenden Gratifikationen aufwiegen lässt, greift in das spontane Spiel dieser Präsenz ein.

9. K(l)eine Theorie der Bescheidenheit angesichts von Keksen, Schokolade und Bananen mit einem Exkurs über die Bedeutung der Haferflocken

Mit siebzehn Jahren nahm ich das erste Mal an einem Kurs teil, in dessen Verlauf viel meditiert wurde, auch Yoga- und Atemübungen gehörten dazu. Ich kam als Raucher, der keine Schwierigkeit darin sah, sich außerhalb der heiligen Hallen vor aller Augen eine anzustecken. Irgendwann hatte ich das, wohl als Resultat der beruhigenden Wirkung alltäglicher Versenkungen, schlichtweg vergessen, und nach einigen Tagen erst merkte ich, dass die letzten Zigaretten still vor sich eintrockneten. Ich hatte mir nicht einmal vorgenommen, aufzuhören, und wusste auch nicht, ab wann ich nicht mehr bei den Rauchern dazugehörte.

Alles schmeckte anders, schließlich war man nicht im heimischen Westfalen, sondern in der Schweiz und hier in der kleinen Enklave, die nach erlesenem Curry duftete. Irgendwann muss ich diese leckeren Schokoladenkekse entdeckt haben. Sie schmeckten derart himmlisch, dass ich nicht recht wusste, ob ich das der industriellen Schweizer Backkunst verdanken sollte oder meinem durch Meditationen erheblich intensivierten Geschmack. Einige Minuten Fußweg waren es bis zu dem kleinen Laden; man hatte einen wunderbaren Ausblick auf die obere Etage des Vierwaldstätter Sees und auch einen, weniger beeindruckenden, in den nicht so hochglanzpolierten bäuerlichen Alltag samt schmuddeliger Baustelle. Die spektakulären Perspektiven habe ich vergessen, die nicht immer schönen Alltagsblicke nicht: Sie hatten in den Keksen ihre Verbündeten gefunden. Es machte mir Spaß, der Einzige zu sein, der sich aus der Gesellschaft der Selbstversenker schlich, und das auch noch aus einem derart nichtigen Anlass.

Die Rundum-Bedürfnislosigkeit, die nicht wenige Autarkie-Fetischisten durch Meditation – nicht aber durch jegliche Vorsicht vor der Sucht nach Gurutum & Co – erreichen wollten, schien mir immer ein undankbarer Akt. Hatte ich den blauen Dunst bloß gegen die tiefschwarzen Schokoladenplätzchen eingetauscht und damit eine Sucht gegen die andere? Die Vertiefung des Geschmacks, die ich erlebte, sagte mir etwas anderes. Ich begriff nicht, warum ich sie unter den Generalverdacht der Gier stellen sollte. Was kann die Schokolade dafür? Warum soll sie jetzt des Teufels sein, sie, die schon in die eigenen Kinderaugen einen wohligen Kakao-Schimmer zaubern konnte? Die kindliche Seele lebte ja nicht von der Schokolade allein, sondern nicht weniger auch vom Lächeln, mit dem sie plötzlich vor die Nase gehalten wurde. (Erquengeln galt damals nicht.) Das waren wahre Worte ohne Worte, Gesten des Wohlwollens oder der Liebe, transsubstanzialisiert in der Schokolade. Man schmeckte sie mit und verzieh den Erwachsenen für einen Augenblick, dass sie andere Ausdrücke nicht fanden. Nun traten die kaum den Kinderschuhen entwachsenen Neo-Asketen auf den Plan und verkündeten, was sie alles nicht brauchten. Da blieb nicht mehr viel übrig; selbstverständlich gehörte gerade dieses „Süßzeug" auf ihre lange Liste der seelengefährdenden Stoffe. Ich protestierte heftig und spürte, man hat kein Recht zu diesem Verrat.

Es war gut ein Jahr später und wiederum in der Schweiz, diesmal im märchenhaft schönen Mürren, 1700 Meter über den Dingen. Zu Zeiten, in denen die Teilnehmer dieses Meditationskurses mit Darstellungen der Vertiefung ihrer Seinszustände beschäftigt waren, flanierte ich fern des Geschwätzes in meditativer Ruhe durch das beinahe ausgestorbene herbstliche Dorf. In einem Kiosk gab es die Schokolade, die ich nicht kannte: mit Mandel- und Honigstückchen, aber nicht die platte Dreiecksnummer wie die mir als Schweizer Exportschlager sattsam bekannte Toblerone. Jeden Tag kam ich, und jeden Tag musste ich mir sagen: Eine der nicht gerade billigen Tafeln muss reichen, denn so reich war ich nun auch wieder nicht. Allmählich fand ich die richtige Menge und die richtige Zeit heraus, die sein musste, damit sich das Geheimnis offenbarte.

Wie der innig lauschende Ästhet die in die Stille verklingenden Töne des Pianissimo genießt, gar nicht unähnlich der meditativen

Erfahrung, schmeckte ich dem unvergleichlichen Aroma der Honigstückchen und der Mandelsplitter nach. Die Meditation hat die Sinne geschärft, und die Schweizer Schokolade hat das ideale Trainingsobjekt zur Überprüfung geliefert, wie weit ich denn schon gekommen war. Mit dieser Hilfe ist ein positives Ergebnis leicht einzufahren gewesen. Merkwürdigerweise assoziierte ich diesen dahinschmelzenden Geschmack mit genau dem Frieden, der mir schmecken konnte und den ich, während Eiger, Mönch und Jungfrau im herbstlichen Abendlicht lächelten, erlebte.

Zwei Jahre darauf hatte ich die Möglichkeit, mehrere Monate zumeist in intensiver Meditation zu verbringen, und das in einem sympathischen Kreis still meditierender anderer. Man aß zu festen Zeiten, und es schmeckte nicht schlecht. Am Ort gab es ein Bayerisches Schokoladenhaus; noch heute habe ich den Geschmack der selbstgemachten Blockmalzbonbons auf der Zunge. Doch ohne viel darüber nachzudenken, hatte ich mit der Zeit immer weniger gegessen. Man braucht auch nicht viel, wenn man vollendet nichts tut. Einmal waren es vielleicht ein, zwei Tage ohne Nahrung. Hunger hatte ich nicht, aber irgendein Gefühl sagte mir, dass es vielleicht nicht schlecht sei, die Banane zu essen, die da vor meiner Nase lag.

Und nun geschah, was jeder Kitschvorstellung Auftrieb geben wird: Ich schmeckte etwas, das ich noch nie zuvor schmecken konnte. Dieses gelbe Ding schien nicht von dieser Welt. Dennoch nahm ich das plötzliche Geschmackswunder nur beiläufig zur Kenntnis. Nie wäre ich auf die Idee gekommen, angesichts der transzendental renovierten Geschmacksnerven gleich noch eine Banane zu essen oder mich fortan zum Fan dieser krummen Spezies aufzuwerfen. Es war eine Präsenz, die insofern zeitlos war, als dass sie weder Vorgeschichte noch vorstellbare Verlängerungen kannte. Wenn das eine Banane war, dann kannte ich noch keine. Der Zeit-Moment war aus der Zeit gefallen, die Gegenwart schien reines Bewusstsein dessen, was ist, ohne Anleihen bei etwas zu machen, das gestern gewesen ist oder morgen sein könnte.

Doch das passierte nicht beim Essen allein, und immer schien dieses Bewusstsein von ultimativer Bescheidenheit zu sein. Es mischte sich nicht ein, es war mit keiner Richtung versehen, auf die Intentionen oder Fokussierungen schließen lassen. Die Intensität verdankte sich nicht dem forcierten Hin-Schmecken, Hin-Riechen, Hin-Sehen, Hin-Hören oder Hin-Fühlen. Sie war dieses Bewusstsein selbst, das in aller Veränderung als unbewegliche reine Stille erlebbar war. Aufmerksamkeit, sonst ja Zeichen der mehr oder minder erfolgreichen willentlichen Lenkung des Bewusstseins, schien hier von allgemeiner und nicht begrenzter Konstanz. Ich erinnere mich nicht, dass darin ein „Ich" vorkam, das Erfahrungen sichtet und erst nach dem Maß unterschwelliger Urteile dem eigenen Leben zuschlägt oder abweist. Gerade solche Momente, die immer ein Ab- oder Zusammenziehen des Bewusstseins im Inneren bedeuten, oft durch Phasen eines unbewusst bleibenden Wechsels hindurch, fehlten. Dieses Neu-Einsetzen – kenntlich an der Friktion des kurzen Erwachens mit dem Gefühl: ach, ich denke oder empfinde ja bereits etwas anderes, also zurück zum Thema – fand nicht statt. Es schmeckte, nicht ich schmeckte.

Das Bewusstsein des Geschmacks der Banane war nicht durch die Banane definiert, wäre aber ohne sie natürlich nicht erfahrbar gewesen. (Solch unsinnige Sätze schreibe ich auf, und ich werde sie nicht streichen!) Reflexiv war es nicht, im Unterschied zur Aufmerksamkeit, die schon durch die Setzung eines Zieles und die Dynamik seines Verfolgens und Vergessens zu einem porösen Prozess wird, in dem Reflexion ein unverzichtbares Steuerungsmittel ist, das die disparaten Momente zusammenhält wie der Cowboy die Herde. Es schien, als werde dieses Schmecken nicht durch eine gerichtete Aufmerksamkeit und damit durch eine Wahl getragen. Die gewohnt komplizierte Dialektik der Intention und der Welt, die diese Intention oft nicht zu realisieren erlaubt und ihre eigenen gegenläufigen Vorschläge zuspielt, lag fern. Dieses Bewusstsein wollte nichts und es hatte nichts, doch alles begann in ihm zu leuchten. Wäre dies das

Siegel der ultimativen Bescheidenheit, so verdanke ich der Banane mehr, als sich sagen lässt.

Die Vorstellung, Bescheidenheit sei an der Gegenwärtigkeit eines Bewusstseins ablesbar, das sich selbst transparent ist und damit Subjekt und Objekt zwanglos umfasst, habe ich seither ebenso wenig verloren wie das Gefühl, sie sei ohne die Zärtlichkeit ihres Kontaktes eine ziemlich geschmacklose Sache. Der Bescheidene ist vielleicht dankbarer als andere und fühlt sich vom Zwang erlöst, etwas mögen zu müssen, was ihm mit immer neuem Styling aufgetischt wird nach dem Motto: Alles ist austauschbar, nur der westfälische Bauer glaubt an die Aussagekraft der vernagelten eigenen Geschmacksbiographie. Allerorten wird alles überboten; wer sagt, was er liebt, bekennt sich mit Sicherheit zum Falschen und kaut auf dem Ladenhüter herum, der dem Nachbarn schon als Ramschware gilt. Der ist sich sicher: Alles, was du kennst, ist nur Etappe; hier, auf diesem Teller, liegt endlich die große Erfahrung für dich bereit. Du musst probieren. Du zögerst? – Vielen Dank, Bescheidenheit bedeutet die Freiheit, nicht zu müssen.

Haferflocken (die groben müssen es sein, bei den klein verhäckselten funktioniert es nicht) lehren mich noch mehr. Es ist ein subtiler Geschmack, der sich langsam in einer Weise, die der Vorgang des eigenen Essens bestimmt, entfaltet und den ich mag. Auch mit ihm weiß ich mich in irgendeiner Weise durch lange Zeiten hindurch, also biographiewürdig, verbunden. Es tauchen, neben vielen anderen Akteuren, auf: Das Kind, das ich nicht nur gewesen bin. Die Wortspiele mit einem alten Freund, haferflockenkauenderweise im Wintergarten seiner stilvollen alten Villa mit der großen Bibliothek. Der Geschmack durchzieht die unwirtlichen schottischen Highlands mit dem Helden von Stevensens Roman *Die Entführung*; Hafergrütze rettete vor dem sicheren Tod und vollbrachte das Wunder, den Ausgemergelten wieder kräftig auf die Beine zu stellen. Magere Zeiten gab es auch im eigenen Leben genug, mit dem himmlischen Geschmack der billigen Haferflocken mit Honig oder den Haferkörnern selbst, die in Quark und Honig als wahres Manna erschienen.

Die Monstrosität des heutigen *Taste-Engineerings*, Haferflocken als unbedeutende Zutat zu obskuren Mischungen aus chemischen Zungenbeglückern, Schokoladen, Trockenfrüchten und Geschmacksverneblern zu degradieren, empfinde ich als eine persönliche Beleidigung. Das überschreit die Nuancen, die die Haferflocken dem aufmerksamen Geschmack versprechen. Sie tun mir in dieser schokoladig-schlechten Gesellschaft leid. Auch der Schokolade, hier in ihrer plakativsten Supersüß-Variante anzutreffen, bekommt die Nachbarschaft nicht. Beide betrügen sich gegenseitig um ihren Geschmack. Vollends ungenießbar wird mir der Brei, wenn dann noch eine Banane darin schwimmt. Drei meiner Lieblinge kreieren zusammen nur den Ekel des schrillen Überflusses, geeignet, das subtile Leuchten jedes Einzelnen sofort auszuknipsen. Nichts fällt mir leichter als die Bescheidenheit, auf jeweils zwei der drei zu verzichten, nur würde ich's nicht so benennen, im Gegensatz zu kommentierenden Zuschauern, die mich sofort dabei ertappt haben und mein Verhalten mit diesem allzu anspruchsvollen Wort belegen.

Nun gut, so soll der Diskurs also weitergehen: Auf die Frage, wie denn die Welternährungsprobleme zu lösen wären, würde ich am liebsten antworten: mit Haferflocken. Also mit Bescheidenheit, die gut schmeckt und gut tut. Und ab und zu eine Banane. Das Geschenk der Schokolade ist nicht verboten; das müsste doch wirklich für alle reichen. Noch heute lese ich jede Ernährungstabelle, die das Hohelied der gesunden Haferflocken singt, mit Entzücken: Hier ist meine Welt noch in Ordnung, ganz im Unterschied zu der, über die in jedem aktuellen Medium die Rede ist.

Merkwürdig, dass Bescheidenheit so teilbar erscheint und für sich reklamieren kann, eine Welt des Teilens im Auge zu behalten. Natürlich weiß ich, dass andere auf der Welt mit Mais oder Hirse glücklicher wären als mit meinen lächerlichen Haferflocken. Doch teilen kann man nur, was man hat. Ernst gemeintes Wohlwollen beginnt beim Eigenen und verteilt nicht beziehungslos irgendwelche Güter. Bescheidenheit könnte wirklich eine Tugend werden, wenn sie diese Gabe möglich macht. Sie erinnert an eine Asymmetrie, deren Dynamik Paul Ricoeur auf den Punkt brachte: „Der eine ist nicht der andere; man tauscht Gaben, aber nicht den Platz. Die zweite segensreiche Folge dieses Eingeständnisses ist: Es schützt die Wechselseitigkeit vor den Fallen der Verschmelzungseinheit [...]; so bleibt [...] der richtige Abstand gewahrt, der neben der Nähe auch die Achtung zulässt." (Ricoeur, Wege der Anerkennung, 324)

10. Bescheidenheit vor dem Anderen

Zu den Kongruenzen, die die so unterschiedlichen Werke von Emanuel Lévinas und Hans Jonas vereinen, zählt eine Art Theorielosigkeit angesichts der als zentral herausgehobenen Erfahrung, die ihre Ethiken fundiert. Ein gemeinsamer Nenner, von beiden freilich nicht mit diesem Wort versehen, ist die Bescheidenheit.

Jonas sieht die profitwirtschaftlich gegängelte Welt in die ökologische Katastrophe schlittern; eine Neubewertung der „Bedürfniswirtschaft“ sei unumgänglich. Marxismus und Sozialismus reklamieren eine Vorreiterrolle in ihrer Bestimmung und Durchsetzung, verbunden mit einer impliziten Moral der Beschränkung. Den Verlockungen der Überflussgesellschaft, die ihre natürlichen und humanen Grundlagen erodierenden lässt, seien sie dennoch ebenso hilflos ausgesetzt wie ihre kapitalistischen Gegenspieler. Letztlich bedürfe es einer „neuen religiösen Massenbewegung, um mit dem anerzogenen Hedonismus des reichlichen Lebens freiwillig zu brechen [...]“; sie wäre an die Versprechen einer Utopie als ideeller Entschädigung gebunden. (Jonas, Das Prinzip Verantwortung, 265 f.)

Der Realist wird mit dieser luftigen Kompensation allerdings nicht rechnen können und muss sich nach Jonas pragmatischere Strategien überlegen, die als massenmedial organisierte Täuschung in äußerstem Widerspruch zum Transparenzgebot einer demokratischen Willensbildung stehen: „Also hier: Falsches Bewusstsein unterhalten von einem richtigen Bewusstsein! Ich schrecke vor dem Gedanken nicht zurück. Vielleicht ist dies gefährliche Spiel der Massentäuschung (Platons ‚edle Lüge‘) der einzige Weg, den die Politik schließlich zu bieten haben wird: dem ‚Prinzip Furcht‘ unter der Maske des ‚Prinzips Hoffnung‘ Einfluss zu verschaffen.“ (Jonas, a.a.O., 266) Wie in Platos idealem Wächterstaat ist eine moralisch qualifizierte Elite berechtigt, Einschränkungen fern aller wirklichen Diskussionspflichten mit süßen Worten durchzusetzen.

Die in die Geschäftsbedingungen der Moderne eingearbeitete Nobilitierung der Gier muss Jonas als übermächtig angesehen haben. Liefert er selbst in den bewegenden und bewusst in religiöser Terminologie gehaltenen Schlusspassagen die verlockende Seite der Täuschung? „Das Paradoxe unserer Lage besteht darin, dass wir die verlorene Ehrfurcht vom Schaudern, das Positive vom vorgestellten Negativen zurückgewinnen müssen: die Ehrfurcht für das, was der Mensch war und ist, aus dem Zurückschaudern vor dem, was er werden könnte und uns als diese Möglichkeit aus der Zukunft anstarrt." (Jonas, a.a.O., 393) Diese oft zitierten Sätze lassen die zuvor anvisierte Depotenzierung der offenen Demokratie vergessen. Sie stehen der Grundlegung der Verantwortung, die Jonas anhand der paradigmatischen Situation der elterlichen Sorge entfaltet, merkwürdig fern.

Die elterliche Verantwortung ist nach Jonas das Urphänomen der Verantwortung, die immer und vor allem anderen eine von Menschen für Menschen darstellt. Den Säugling nennt er gar eine „archetypische Evidenz für das Wesen der Verantwortung" (Jonas, a.a.O., 240): „das pure Sein als solches und dann das beste Sein dieses Wesens ist es, was elterliche Fürsorge in toto vor Augen hat"; das verbinde sie mit dem politischen Denken, das als „Sorge des Staatsmannes" der Idee von Aristoteles verpflichtet ist, den Staat als Bedingung eines guten Lebens seiner Bürger zu begreifen. (Jonas, a.a.O., 190)

Im Falle dieses Urtyps der Verantwortung ist Jonas nicht sparsam im Hinblick auf religiös formulierte Idealisierungen. Keinesfalls lassen sie sich als kritische Sichtung der Verwahrlosungen verstehen, denen Kinder heute massiv ausgesetzt sind. Keine Phänomenologie der tatsächlich herrschenden Verhältnisse mit ihren Stärken und Defiziten scheint hier anschließbar. Jonas will, durchaus sympathisch, mit demselben Füllhorn das Gute ausschütten wie die Gesellschaft den Überfluss ihrer Konsumwelten. Dieser Paternalismus umgeht grandios das Problem der Bescheidenheit.

Bescheiden ist der Vater, der sich über Wochen oder gar Jahre von seinem Kind vom Schlaf abhalten lässt, die Mutter, die ihm ohne nachzudenken das Stück Kuchen gibt, auf das sie selber Appetit gehabt hätte. Sie verzichten auf Karrieren, dünnen ihren freundschaftlichen Umgang aus und beäugen vieles, was vor Kurzem noch als selbstverständlich galt, nun als einen Luxus, den sie sich nicht mehr gönnen. Kinder stellen eine so massive Einschränkung des gewohnten eigenen Lebens dar, dass es zwecklos erscheint, mit ihrer Hilfe ein allgemeines Moralprinzip begründen zu wollen. Die rapide abnehmende Bereitschaft vieler Eltern, sich den Anmutungen dieser Sorge auszusetzen und Ansprüche ihres eigenen Lebens dafür zurückzustellen, wäre ein Beleg ebenso wie der politisch propagierte Weg, die Kinder schon im frühesten Alter in Krippen aufzunehmen, um „die Vereinbarkeit von Familie und Beruf" zu gewährleisen oder den gravierenden Betreuungsdefiziten zu begegnen, denen immer mehr Kinder in ihrer häuslichen Situation unterliegen.

Das Ideal, das Jonas en passant aufstellt, mag keinesfalls eine unsinnige Vorgabe darstellen, macht aber die Eltern und Kinder, die ihm näherkommen, zu Außenseitern ohne jede Chance, eine platonische Meinungsführerschaft in Jonas' Sinne anvisieren zu können. Die Zeche zahlen „gut behütete" Kinder, die sich als nichtmediensüchtige oder auch konsumresistentere Sonderlinge in einer Außenseiterrolle wiederfinden. Ohne es zu begreifen oder zu wollen, verletzen sie implizite Normen und Erwartungen, die die Mehrzahl der anderen Kinder voraussetzen und aggressiv einfordern. Es ist leicht zu verstehen, dass nicht jedes Kind seinen Eltern für diese durch Ausgrenzung, Mobbing oder tätige Gewalt gefährdete Position dankbar sein kann.

Die Existenz einer durch ein moralisches Urphänomen angeleiteten und innerlich erhellten Elternschaft gerät in diesen unglücklichen Umwelten in den Verdacht der puren Ideologie, ebenso wie Jonas' beiläufige Bemerkung, jeder habe diese Sorge selber an sich erfahren. Sucht man in Jonas' Biographie mehr über die Erfahrung mit seinen Kindern zu erfahren, geht man nach der Lektüre weniger banaler Zeilen leer aus. (Vgl.: Hans Jonas, Erinnerungen, 245, 255 f., 450) Fragt man sich und andere, so ist die von Jonas unterstellte Dankbarkeit für die Sorge der Eltern kein selbstverständliches Phänomen.

Nun besteht für moralphilosophisches Denken keinerlei Pflicht, sich eng am Dokumentarischen entlang zu hangeln und dadurch Sein und Sollen zwar auf enge Tuchfühlung, aber möglicherweise auch in eine kompromittierende Nähe zu bringen. Dass sich das Sollen nicht aus dem Sein ergibt, ist ja das Mantra der moralphilosophischen Seminare vom ersten Semester an. Der philosophischen Kritik sind zirkuläre Argumentationen seit jeher ein gefundenes Fressen. Sie würde schnell fündig in Jonas' Versuch, die ökologisch gebotene Beschränkung auf der Grundlage eines Prinzips durchzusetzen, das sich in der Praxis zwar vehement der Beschränkung verdankt, diese aber überhaupt nicht problematisiert, sondern mit Hilfe eines moralischen Urphänomens als gegeben voraussetzt. Wird man durch Erfahrung klüger?

In der elterlichen Sorge stellen sich kaum souverän zu beantwortende Fragen, wie weit sie denn gehen kann, ohne die Autonomie aller Beteiligten – auch und gerade in ihren psychophysischen Dimensionen – ernsthaft zu gefährden. Das überbehütete Kind ist nicht das glücklichere, während die Askese, zu der der elterliche Dauermarathon verführt, jeder Idee der moralischen Selbstverantwortung im Sinne des Kant'schen „Pflichten gegen sich selbst" spottet. Bei Jonas glückt im Prinzip, was andernorts vielgestaltigem Scheitern ausgesetzt ist. Seine Formulierungen machen denen Konkurrenz, mit denen Leibniz' prästabilierte Harmonie die Defizite der Welt zum Anlass und Modell einer überweltlichen Kompensation erklären wollte.

Die Verführungskraft von Jonas' Bild der elterlichen Sorge ist problematisch; er nutzt sie, um auf der einen Seite eine „Wahrheit" zu sehen, die er auf der anderen Seite im Dunkeln verschwinden lässt.

Die Psychoanalyse lebt von den Hilfestellungen, die sie zur Aufklärung dieser dunklen Seite geben kann: „Der Analytiker stellt fest, dass viele Patienten überhaupt nicht imstande sind, ihre Eltern zu kritisieren. Ferner gibt es solche, die ihre Eltern zwar kritisieren, doch halten sie plötzlich inne, wenn es sich um solche Eigenschaften handelt, unter denen sie selber leiden. Wieder andere fühlen sich schuldig und sind verängstigt, wenn sie begründete Kritik oder auch Wut gegen einen der Elternteile äußern. [...] Eine besonders heikle Form der Gefühle, die Eltern zu enttäuschen, ist das Gefühl der *Andersartigkeit.*" (Fromm, Psychoanalyse und Ethik, 98 f.) In diesen Schuldgefühlen ist ein fein verästeltes System von Abhängigkeiten aufweisbar. Verantwortung wird dann problematisch, wenn sie im Kind das schlechte Gewissen begründet, das gefügig macht, weil es der angeblichen moralischen Überlegenheit der Eltern nichts entgegenzusetzen weiß. Die Gehemmtheit dieses Kindes würde auf schlichter Selbstentsagung und Anpassung basieren; mit der Bescheidenheit, die wir in diesen Essays suchen, hätte sie nur auf einen kurzsichtigen Blick zu tun.

Verantwortung kann in ihr blankes Gegenteil umschlagen, indem sie eine subtil agierende Abhängigkeit kultiviert und dem Anderen die Chance entzieht, autonom und eigenverantwortlich zu denken und zu handeln. Jonas' Modell der elterlichen Sorge, die das Kind später als Schatzkiste des eigenen Lebens fern aller Ambivalenzen dankbar erinnert und als Richtschnur für eigene (elterliche und darüber hinausgehende) Verantwortungen nimmt, ist dieser Gefahr massiv ausgesetzt. Sie thematisiert Verantwortung nicht als die Bescheidenheit, der solche Übergriffe auf die Selbstbestimmung des Andern auffallen und zuwider sein müssten.

Die Kritik würde nicht so barsch ausfallen, ginge es hier lediglich um eine illustrative Randbemerkung; wir stehen an diesem Punkt aber geradewegs im Zentrum der Jonas'schen Ethik, die auf merkwürdige Weise auf Freuds Religionskritik antwortet: Der Atheist Freud denkt die Entstehung der Religion mit der furchteinflößenden kindlichen Abhängigkeit zusammen und legt die konfliktreiche Bedeutung der Vaterimagines dar; andere Analytiker haben später vergleichbar konfliktbesetzte Mutterimagines hinzugefügt. Jonas streicht die furchteinflößende kindliche Abhängigkeit und ersetzt sie durch ein helles Bild der in der umfassenden Sorge Realität gewordenen elterlichen Verantwortung. Der religiöse Glanz, in weitem Abstand zu den psychoanalytisch aufgewiesenen Konflikten gehalten, prägt Jonas' Worte und verleiht ihnen den stärksten Kontrast zu der weltweit agierenden Verantwortungslosigkeit.

Es ist dieser eine Mensch, dieses eine Kind, um das es der Verantwortung geht. Die Grenze zwischen bloßer Versorgung und der Sorge, die seine unverfügbare Person meint, ist ausschlaggebend zur Bestimmung, ob Verantwortung wirklich eine Antwort ist, die nur Menschen gegeben werden kann, oder ob sie einen Versorgungsreflex darstellt. Denkt man die von Jonas nicht thematisierte Bescheidenheit als Grundgeschehen elterlicher Sorge, würde das Bild detaillierter. Sie bedeutet ja nicht Verzicht nach dem Ergebnis von Aushandlungen oder Berechnungen, sondern stellt ein spontanes Geschehen dar, in dem Zurückstellungen eigener Wünsche, Bedürfnisse und Belange nicht oder zumindest erheblich abgemildert als solche erfahren werden.

Dieser Bescheidene ist nicht der von einem Anderen bescheiden gemachte. Ihm gelingt es, hinzusehen und sich nicht vom Gefühl trügen zu lassen, er wisse schon alles und könne schematisch seine Versorgungsroutinen ausleben. Er handelt in einer Situation der Verbundenheit, in der ihn nicht Anweisungen, sondern Wahrnehmungen von Notlagen und Erfordernisse einer konkreten Situation anleiten.

Als lebendige Antwort auf einen Anderen ist Verantwortung nicht generalisierbar. Der Weg ins Prinzipielle, Hort aller Aufschübe und des persönlichen Entzugs, ist ihr versperrt. Bescheidenheit beginnt damit, nicht mit großmütigem Auge über alles hinwegzusehen, was Anlass geben könnte oder müsste, etwas tun zu müssen und darin unvertretbar zu sein. Stiehlt man sich aus der Situation, mag man sich für sein Nichtstun schämen – hinterher. Der Schaden lässt sich aber leicht reparieren. Die Frage, wer denn nun die Verantwortung trägt, war eben nicht hinreichend geklärt – ein harmloses alltägliches Planungswirrwarr und nicht viel mehr. Das entschuldigende „Ich habe das gar nicht gewusst oder gesehen" bedeutet die Selbstentlastung dessen, der vorher vielleicht auch eher mit seinem Selbst als mit dem schutzbedürftigen Anderen beschäftigt war. Seiner Selbsteinschätzung, am Jonas'schen Verantwortungs-Urphänomen teilzuhaben, täte das wohl keinen Abbruch. Urphänomene werden gern in der Innerlichkeit gesucht und gehütet. Sie entziehen sich der Realitätsprüfung. Wer verzichtet schon darauf, sie nach Lust und Laune für sich in Anspruch zu nehmen?

Glücklicherweise gibt es Andere, die einwilligen, eine situativ konkrete Verantwortung wahrzunehmen und ihren Herausforderungen nachzukommen. Sie tun dies spontan, weil sie es können und weil dem Handeln etwas vorausliegt, das ihnen eine Richtung angibt: Vielleicht ist es eine vorher getroffene und kaum nach Maßgabe von Kant'schen Maximen bewusstseinsfähige Entscheidung, vielleicht geschieht dies aus Liebe und Zuneigung, vielleicht auch aus einer moralischen Orientierung heraus, die die Freude an der guten Handlung erlebt, auf der Aristoteles in der *Nikomachischen Ethik* besteht. Entscheidend ist die mit der Freiwilligkeit verknüpfte eigenständige Wahrnehmung des Anderen in dieser besonderen Situation.

Welcher Arbeitgeber könnte durchsetzen, dass ein Beschäftigter tut, was einige Eltern tun, nämlich monatelang auf ihren Schlaf zu verzichten, kein ungestörtes Wort wechseln zu können oder wenigstens in Ruhe essen zu dürfen? Steht man aber in dieser Situation, wird man dies im negativen Fall als Zumutung abweisen und versuchen, den Zugriff auf das eigene Leben so weit wie möglich abzuschwächen, oder man wird es, im positiven Gegenstück, vielleicht überhaupt nicht als Verzicht und Einschränkung thematisieren.

Keiner kann dem Anderen wirklich etwas schenken, wenn er insgeheim Buch führt und jeden Posten fein säuberlich für spätere Kompensationen oder Verpflichtungen registriert. Bescheidenheit würde dadurch januskköpfig. Das verweigert dem Anderen die Sicherheit, zu wissen, mit wem er es zu tun hat. Der Bescheidene kann ohne Rache oder fern jedes Anvisierens der Schuld des Anderen schenken. Er kann aber auch, worauf die philosophische Tradition in seltener Eintracht mit der Psychoanalyse Freuds sattsam hingewiesen hat, jede Idee eines wirklichen Geschenks in einem heimlichen Geiz erfrieren lassen. Kein außenstehender Beobachter kann wissen, ob Bescheidenheit das Spiel des Narziss wird, der seine moralische Überlegenheit präsentiert, oder des Depressiven, der aller Welt damit dokumentiert, dass nur er in einer Gesellschaft fröhlicher Ausgelassenheit der Lastesel ist, der für andere die Sektkübel herbeischleppt. Allein die Bescheidenheit, deren Sache das uneigennützige Geschenk ist, lässt sich von der situativen Verantwortung für den Anderen wirklich auffordern. Kein moralisches Urphänomen kann darüber hinwegtäuschen, dass der, der nichts zu geben bereit ist, in der Moral nur Spiegelfechtereien betreibt.

Die Möglichkeit, etwas zu geben, ist mit der Bescheidenheit verschwistert. Sie findet ihr Lebenselement in der konkreten und spontanen Erfahrung, in der der Andere den Ton angibt. Sie wird nicht als Autonomieverlust erlebt, sondern als Autonomiezuwachs inmitten der natürlich klar vor Augen tretenden Einschränkungen des eigenen Lebens. Wie ist diese Bescheidenheit möglich? Hans Jonas sagt nicht viel dazu, und was er sagt, scheint der Frage geradezu strategisch auszuweichen. Emmanuel Lévinas hingegen sagt vielleicht mehr, als das Wort „Bescheidenheit" intendieren kann. Sein Humanismus gründet in einer Offenbarung, die nicht leicht dem Denken zuzuschlagen ist und sich von einem alltagspraktischen Verständnis der Erfahrung deutlich abhebt.

Erfahrung zwischen Menschen bedeutet bei Lévinas nicht die als üblich unterstellbare Beziehung des gegenseitigen Gebens und

Nehmens mitsamt ihrer austarierenden Bewertungen. Lévinas verortet sie in der Erfahrung der Andersheit des Anderen. Sie ist nicht reziprok und bricht die Symmetrie des intersubjektiven Raums auf. (Lévinas, Die Zeit und der Andere, 55) Nicht objektivierbare Erwartungen, sondern deren Aufhören kennzeichnen das plötzliche Erscheinen des Anderen in seiner hilfsbedürftigen Nacktheit; Lévinas nennt sie Antlitz und besteht darauf, dass es eine „Entblößung ohne jedes kulturelle Beiwerk" bedeute. (Lévinas, Die Bedeutung und der Sinn, 41)

Wer dies „empfängt", wird als Subjekt in einer unendlichen Weise verantwortlich für den Anderen, ohne dass er diese Verantwortung anstrebt oder aus ihm bekannten und reflexiv gepflegten Gründen intendiert. (Lévinas, Humanismus und An-archie, 73 f.) Es geschieht „wider den eigenen Willen", dass der Mensch die Verantwortung entdeckt; sein *freies* Engagement, das seine Gründe im Früher, Jetzt und Später sucht, erreicht diese Zeitlosigkeit nicht. (Lévinas, Jenseits des Seins oder anders als Sein geschieht, 125) Es bleibt an das zeitliche Gesetz der Identität gebunden, während die ursprüngliche Verantwortung angesichts der Andersheit des Anderen keine Wahl lässt als die eigene Egozentrik und das Haben, die sich wie ein Gewicht an das Selbst hängen, auszusetzen und im Anderen den zeitlosen Ursprung der Handlungen zu entdecken.

Selbst die Spontaneität als originäres Geschehen *sua sponte* kennzeichnet nicht diesen Moment, „besessen von Verantwortlichkeiten, die nicht auf Entscheidungen des frei um sich blickenden Subjekts zurückgehen; daher angeklagt dessen, was er nie gewollt, wofür er sich nie entschieden hat [...]" (Lévinas, Die Spur des Anderen, 314) Lévinas zieht den Bogen von dieser Philosophie zur Gestalt des demütigen Gottes in der jüdischen Tradition. (Salomon Malka, Emmanuel Lévinas, 208) Die theologische Verankerung seines Denkens kristallisiert sich in der Idee, die Antwort auf die Frage der Moralität in einer „Intrige zu dritt" zu suchen: „Das Ich nähert sich dem Unendlichen, indem es großmütig auf ein Du zugeht. [...] Ich nähere mich dem Unendlichen in dem Maße, indem ich mich für meinen Nächsten, der mich ansieht, vergesse [...]" (Lévinas, a.a.O., 258)

Lévinas' Denken der Geduld und der Entblößung, seine Entdeckung der schutzbedürftigen Nacktheit des Anderen und die Depotenzierung von Autonomie und Subjektzentrierung entwirft eine Philosophie, in der Bescheidenheit einen völlig anderen Sinn erhält: Gilt sie traditionell in ihrer zustimmungsfähigen Variante (d.h. etwa unter Ausschluss neurotischer oder durch weltanschauliche Zwänge begründeter Versagungen) als das kluge oder ethisch fundierte Maßhalten eines selbstbewussten und selbstkontrollierten Subjekts, so scheint hier das Gegenteil auf: Bescheidenheit steht in der Verantwortung für den Anderen, ohne dem eigenen Maß zu folgen; ja sie wird in dieser Verantwortung geradezu maßlos.

Gibt es aber eine maßlose Verantwortung, die zudem so intim mit Figuren der ultimativen Bescheidenheit zu verknüpfen ist? Darf man mit Lévinas unterstellen, dass die Autonomie, und damit der zentrale Gesichtspunkt der Ethik seit Kant, nur am Anderen vorbeisehen kann und niemals sein Antlitz im Levinas'schen Sinne als das schlichtweg Andere erfährt? Aber erkenne ich den Anderen darin überhaupt, oder muss ich ihn in seiner absoluten Andersheit nicht als das ewige Rätsel erleben, das es mir unmöglich macht, in Kommunikation und Handlung eine gemeinsame Welt mit ihm aufzubauen, die von Anerkennung und wechselseitiger Verantwortung geprägt ist? (Vgl.: Ricoeur, Wege der Anerkennung, 342; Taureck, Emmanuel Lévinas, 96) Die kulturlose Entblößung, von der Lévinas spricht, scheint alles andere als geeignet, elterliche Sorge zu verstehen, geht es doch schon im banalsten Fall darum, dass sich ein Kind die Zähne putzt und rechtzeitig in die Schule kommt; seine Augen werden zeigen, dass es das nicht will, und die Eltern bitten, ihm das nicht zuzumuten.

Dieses Kind soll nicht Schiffbruch erleiden, und so verteilt man „Geschenke", die dem Kind bitter vorkommen. Gerade darin besteht aber zuweilen die ungemütliche Verantwortung, die Eltern für ihre Kinder tragen, wenn sie sich nicht zum gedankenlosen Anmischer des Kitts machen lassen wollen, den die Konsumgesellschaft frei Haus liefert. Die im Zeitverlauf wechselnden Figuren einer sich immer stärker zur Gegenseitigkeit entwickelnden Verantwortung sind unverzichtbar für das Werden eines Menschen. Gebunden sind sie, wie man prototypisch der psychoanalytischen Erfahrung und Einsicht entnehmen kann, durchaus auch an konfliktbesetzte Begrenzungen und Einsprüche.

Entscheidend wäre die Frage, wer ich bin, wenn ich meinem Kind Begrenzungen auferlege, aber auch, wenn ich die mit der Sorge um den Anderen einhergehenden selbstauferlegten Begrenzungen zu akzeptieren beginne. Nimmt man sie als Frage nach der Bedeutung der Bescheidenheit, so bleiben die von Emmanuel Lévinas erhofften Antworten ebenso vage wie die von Hans Jonas. Diese Frage wird von ihnen letztlich auf ein religiös konnotiertes Terrain verpflanzt, das inmitten alltäglicher Anforderungen und Handlungssituationen kaum der Bescheidenheit der Konkretion verpflichtet ist. Man sagt immer zu viel, wenn man in Nachbarschaft dieser Diskurse spricht.

Wie sollte es zu erklären sein, dass Studenten, denen jegliche eigene Erfahrung elterlicher Verantwortung fern liegt und die sich gerade leid- oder lustvoll dem als Verantwortung getarnten Zugriff ihrer Familien entwinden, mit Hingabe das Jonas'sche Urphänomen elterlicher Verantwortung diskutieren? Man staunt ebenfalls über die Begeisterung, die Lévinas bei den Lesern ausgelöst hat, die sich als bindungsresistente Singles durch das Patchwork ihres postmodernes Leben bewegen.

Aufgeklärte Ärzte, inzwischen jedem Paternalismus abhold, zählen zu den begeisterten Lesern von Jonas' *Prinzip Verantwortung*, haben den durchgehenden Paternalismus seines Modells aber höchst selten als solchen empfunden oder kritisch thematisiert. Ihre Lévinas lesenden Kollegen haben vielleicht im Antlitz einen Aufruf gefunden, der die Selbstherrlichkeiten der Medizin, die professionell gegen das Wahr- und Ernstnehmen der Kranken abschotten, im Zaum zu halten versteht, aber äußerst schlecht zu den inzwischen wohl nicht mehr kontrovers diskutierten Verpflichtungen passt, die Autonomie des Patienten zu wahren und durch Aufklärung und Kommunikation den für die Behandlung nötigen Konsens zu erreichen.

Der Patient muss sagen, was er will; stellvertretende Äußerungen stellen im Sinne des gemutmaßten Willens seit geraumer Zeit eher ein rechtsphilosophisches oder juristisches Thema dar. Der *informed consent* deckt sich aber keinesfalls mit der nach Lévinas nicht fixierbaren Überfülle der Verantwortung, die förmlich aus der Zeit fällt und der keine Konkretion jemals Genüge tun kann, während man nur Schuld auf sich laden und die Verantwortung letzten Endes niemals positiv ausfüllen kann. Die Praxis erfordert notwendige Entscheidungen, das eine zu tun und das andere zu lassen, oft unter der Drohung schwerster existenzieller Risiken. Die Schuld läge bei der falschen Wahl oder bei ihren selbst zu verantwortenden Voraussetzungen. Demgegenüber besteht Lévinas, und das bleibt sein überragendes Verdienst, darauf, dass sich Verantwortung nicht einfach abgelten lässt und das schlechte Gewissen nicht allein das Resultat der schlechten Wahl kennzeichnet, sondern der Erfahrung zentral zu eigen ist, dass alles, was man tut, nicht genügt.

Jonas und Lévinas werden die banalisierenden Lesarten ihrer Werke, die um Markenzeichen wie die „Verantwortung“ oder „Der Andere“ mit eigenwilligen Mustern gestrickt werden, nicht intendiert haben, doch man muss sie, weil sie sich durchgesetzt haben, letztlich doch wie einen Kommentar auf dem Rand ihrer Bücher eintragen, auch und gerade dann, wenn sie ihrem Wortlaut zu widersprechen scheinen. Weisen diese Lesarten nicht die Probleme dieser Werke aus, sich bescheiden auf das zu konzentrieren, was der Leser nur in einer analogen Bescheidenheit aufnehmen und gemäß der Intention der Autoren verstehen wird? Denn auch der Leser ist ein Anderer; kennt man ihn und seine Welten, wenn man schreibt?

11. Bescheidenheit – eine moderierende Variable?

Hans Selye, der Begründer der Stressforschung, fand auf die verzwickte Frage, was „Stress" denn eigentlich sei, die bauernschlaue Antwort: Stress sei, Ackergäule wie Rennpferde zu behandeln – und Rennpferde wie Ackergäule. Sie leben nur gut in ihrer passenden Welt; deshalb sollte man Sattel und Pflug nicht vertauschen. Es gibt kein Maß und keinen Katalog der Stressoren, ansonsten würde niemand bröckelnde Klippen erklettern oder unter Einsatz seines Lebens in gefährlich engen Unterwasserhöhlen herumforschen. Der Schichtarbeiter schaut anders auf seine nächtliche Uhr als der einsame Forscher in seinem Labor, der sich dem großen Durchbruch nahe weiß. Eineiige Zwillinge, deren Lebenswege völlig diametral verlaufen sind, bauen jeweils eigene Toleranzen oder Vulnerabilitäten gegen Beanspruchungen und Belastungen aus; diese biopsychosozialen Kompetenzen entscheiden, ob der Reiz zum Stressor wird oder reizvoll bleibt.

Stress offenbart die jeweils aktiven moderierenden Variablen, die die komplexen Vernetzungen von Subjekt und Umwelt temperieren und prägend gestalten. Das Bewältigungsverhalten entzieht sich zu großen Teilen der bewussten Kontrolle. Beim Überhandnehmen von Alarmreaktionen, auf die habituelle Überaktivierungsprozesse folgen und schlussendlich die Erschöpfung, ist es durch keine philosophische Einsicht zu bändigen. Die biopsychosoziale Identität entzieht sich den schlauesten Argumenten, und auch das Betrachten von Buddha-Bildern wird den jagenden Puls nicht verlässlich besänftigen.

Eine ganze Reihe von Schutzfaktoren hilft dagegen, schädliche Reaktionen zu bewältigen oder zumindest deutlich abzumildern; zu ihnen zählen zuträgliche Lebensgewohnheiten, die Kompetenz des Einzelnen, sein Handlungsspielraum und das Gefühl der Selbstwirksamkeit, ganz sicher auch die gelingende Kommunikation und die soziale Unterstützung. Der Teufelskreis entsteht oft genau dort, wo durch Stress die Lebensgewohnheiten auf ein so giftiges Maß getrimmt werden, dass die Kompetenz des Einzelnen an nervösen Gängelbändern zappelt und sein Verhalten den anderen jede Lust zu sozialer Unterstützung nimmt. Stress schränkt die Sensibilität ein, mit der man Situationen hintergründiger erfassen und Handlungsalternativen ausfindig machen könnte. Er macht den einen wortkarg und lässt beim anderen die Wortkaskaden sprudeln, denen kaum jemand länger zuhören wird. Ein gesundes Maß ist beides nicht.

Die Schwierigkeit, Stress auf griffige Formeln zu bringen, liegt in der Plastizität und dem enormen Formenreichtum seiner aufweisbaren Gestalten. Das verbindet ihn mit einem fundamentalen moralphilosophischen Problem: Warum nimmt man den „Stress" auf sich, einer fordernden oder einschränkenden Ethik zu folgen? Man könnte es sich leichter machen. Wer den schwereren Weg wählt, kann sich des Beifalls kaum sicher sein. Seine reformierten oder revolutionären Lebensgewohnheiten mögen recht problematische Herausforderungen darstellen und nicht immer anerkennend kommentiert werden. Da lässt einer Fünfe nicht gerade sein, er macht nicht mit und reagiert mit kühler Distanz, wo andere Augen glühen. Er verletzt, ohne es zu wollen, das Gleichheitsgebot, das man dem Verhalten schon deshalb unterstellt, weil als ausgemacht gilt, dass allein der Lügner seine egoistischen und triebhaften Dispositionen abstreitet. Willkommen ist das nur in dem Fall, wenn es von der Konkurrenz mit diesem Sonderling entlastet. Vielleicht steckt hinter der Bescheidenheit ja bloß ein angebotenes Stillhalteabkommen: Tust du mir nichts, tu ich dir nichts.

Es geht anders zu bei dem Bescheidenen; er wirkt wie der Ackergaul auf seiner Scholle oder wie das Rennpferd, das etwas weitere Strecken überblickt. Auf jeden Fall schlägt er eine Gangart ohne Sirenengeheul ein. Alarmreaktionen, habituelle Daueraktivierungen und erschöpfende Überforderungen scheinen seine Sache nicht zu sein. Bescheidenheit ist ein außerordentlich vielversprechender

Kandidat für eine moderierende Variable im ethischen Kontext. Die Autonomie des Einzelnen profitiert durchaus davon, nicht jedem Angebot hinterherrennen zu müssen. Er wägt ab und lässt sich weder anschieben noch treiben. Bescheidenheit legt eine Distanz zugrunde; sie ist wählerisch und der existenziellen Reflexion mit Leib und Seele nicht abgeneigt. Das Bewusstsein durchdringt die Situation und hängt nicht an ihren Gängelbändern. Selbst die allseits geltende Pflicht zur Rechthaberei lässt sich, ohne auf die sanfte und ruhiger temperierte Öffnung dem anderen gegenüber zu verzichten, ohne Schaden herunterfahren.

Dieses Abstand-Nehmen hat der Bescheidenheit eine Reihe unfreundlicher philosophischer Kommentare eingetragen. David Hume argwöhnte, dass unter dem Mantel der Bescheidenheit die Talente des Menschen ungenutzt verkümmern oder gar ersticken; sein Glück wird er nur machen, wenn ein gütiges Schicksal diesen Mangel an durchsetzungsfreudiger Eigeninitiative ausgleicht. (David Hume, Of Impudence and Modesty, 553 f.) Die Unverschämtheit kommt bei Hume erheblich besser weg. Sie wirkt wie eine Tugend und stachelt den Menschen zu großen Leistungen an.

Hume kennt die Welten der Ackergäule und der Rennpferde, denen er unzweifelhaft den Vorrang einräumt. Sie werden allen davon preschen wollen und auf diese Weise für den Fortschritt sorgen. Doch sie merken bald, dass sie nicht allein auf der Piste sind. Andere holen auf, der Vorsprung schwindet. Letzte Reserven müssen mobilisiert werden. Das ganze Feld wird immer schneller. Der Egoismus des Einzelnen lässt den Motor der allgemeinen Konkurrenz auf Hochtouren laufen. Die Wirtschaft setzt diese Kraftquelle in das Wohlergehen aller um, lehrten David Hume und Adam Smith.

Die Atemlosigkeit des mit der Mobilisierung letzter Leistungsreserven galoppierenden Feldes überspielt die Erschöpfung und lässt Fragen, ob man überhaupt dem richtigen Ziel hinterherjagt, gar nicht erst aufkommen. „Dummstolze Arbeitsamkeit", wetterte Nietzsche, der erstaunlich klarsichtige Analysen des Workaholic schon in der Frühphase der Industriellen Revolution beisteuerte. Alles muss immer schneller gehen, aber niemand kann mit der gewonnenen Zeit etwas anfangen und langweilt sich fern der Hektik zu Tode. (Nietzsche, Menschliches, Allzumenschliches I, § 47) „Denn das Leben auf der Jagd nach Gewinn zwingt fortwährend dazu, seinen Geist bis zur Erschöpfung auszugeben, in beständigem Sichverstellen oder Überlisten oder Zuvorkommen: die eigentliche Tugend ist jetzt, etwas in weniger Zeit zu tun als ein anderer.“ (Nietzsche, Die fröhliche Wissenschaft, § 217)

Die aggressive Tönung des zur Normalität erklärten Dauermarathons sieht sich heute bohrenden Fragen ausgesetzt; ohne dass eine breitere Neubewertung der Bescheidenheit schon absehbar ist. Sie könnte aus gutem Grunde neugierig machen und einladend sein, nachdem die Hume'sche Unverschämtheit ihren quasimoralischen Glanz eingebüßt hat. Eine unserer Zeit gemäße Bescheidenheit käme nicht mehr als Vertreterin eines antiken Ideals der Autarkie daher. Sie würde List, Verstellung und Übervorteilung des anderen nicht als allgemein verbindliche Spielregel akzeptieren. In der Welt der Atemlosigkeit entdeckt Bescheidenheit den eigenen Atem wieder und würde auch anderen die Luft nicht rauben.

Hier muss sich jemand nicht um alles in der Welt durchsetzen oder wartet nur darauf, sich grandios und wortreich erklären zu können. Würden wir von diesem Menschen nicht eher erhoffen, dass er uns wirklich zuhört, als von einem Aktivisten in eigener Sache, der getrieben ist, jedes Wort eines anderen mit wenigstens zwei eigenen Schachmatt zu setzen? Zuhören können bedeutet Bescheidenheit; ohne sie ist die Bereitschaft, am Leben anderer teilzunehmen, in der ständigen Gefahr, sich dieses Leben mit eigenen Projektionen anzueignen.

Das Gespür für sich selbst und für den anderen setzt die Bescheidenheit voraus, die der Gestresste nicht aufbringen wird. Er interessiert sich für alles, aber nicht wirklich. Er reagiert schnell, als sei er im Gefecht und müsse schier alles auf Angriff oder Verteidigung beziehen. Selbst Kleinigkeiten werden zum großen Spiegel seiner allgemeinen Lage. Der Stress und die latent aggressive Unbescheidenheit leben in einer gemeinsamen Angst. Sie verdichtet sich im Argument, die unfreundlich eingefärbte Umwelt und jeder in ihr auftauchende andere unterlägen den gleichen Dispositionen, sei entweder Freund oder Feind. Der gut gemeinte Rat wird als aggressive Einmischung empfunden, der nette Vorschlag als Falle verdächtigt und angebotene Unterstützung als Beleg dafür empfunden, man begreife ja gar nicht, in welchen Auseinandersetzungen sich der Betreffende gerade befinde.

Die Selbsttäuschung wird perfekt: Während Beobachter dem Gestressten wie auch dem, den Gier, Herrschafts- und Besitzstreben antreiben, den Verlust der reflektierten Selbstwirksamkeit unterstellen, hält der Betreffende an seiner gegenteiligen Erfahrung fest: Ist er nicht der Kapitän des Schiffes in stürmischer See? Es wird sinken, wenn er seine Brücke verlässt. Im Stress ist man unverzichtbar. Man sprintet und fragt sich nicht, ob man nicht doch ein Ackergaul ist. Man setzt Scheuklappen auf und pflügt halb blind sein Feld so lange, bis man in dem tiefen Loch sitzt, das ein Rennpferd mit einem Satz übersprungen hätte.

Das nur vorgespielte Interesse vor dem Hintergrund aggressiver Ränkespiele ist das, was der Bescheidene nicht mag. Als Augenzeuge weiß er, dass jeder zwar den Frieden preist, damit aber keinesfalls verzichtet, sich aggressiv all das herbeizuraffen, was immer er haben will. Der Gestresste und der, dem Bescheidenheit eine Unmöglichkeit ist, verhalten sich hingegen so, als verlaufe die Sache am ehesten glimpflich, wenn sich zwei gleichstarke Armeen gegenüberstehen. Bescheidenheit, die Anzeichen eines Friedens ist, setzt diesen höchst ungern aufs Spiel wie denn auch der vormals Gestresste, der seine Balance und Ruhe zurückgewonnen hat, die Chance hat, einen Widerwillen gegen die Wiederholung solcher Situationen aufzubauen. Ist man ihnen entkommen, versteht man sie kaum mehr und lässt sich ungern daran erinnern, dass man wie eine Marionette in ihnen agierte. Manche aber genießen die Erinnerung und stricken sie in unendliche Narrative ein, die ihr Können und ihre Großartigkeit in dem hellem Licht erscheinen lassen, das auf den einsamen Kapitän auf der Brücke fällt, nachdem sich der Sturm gelegt hat und die Sonne ihre ersten Strahlen aussendet. Das aufmerksame Ohr wird das Fehlen der Bescheidenheit bemerken und sich fragen, ob es nicht konstitutiv für diese Heldengeschichten ist, mit denen der Alltag durchzogen ist.

Moderierende Variablen haben eine schillernde Gestalt, weil sie individuelle und soziale Wirklichkeiten massiv beeinflussen. Dennoch sind sie nicht so deutlich herauszuschmecken wie das Salz in der Suppe. Oft sind sie der blinde Fleck im sehenden Auge: Man erkennt etwas mit ihnen, während sie selber unbemerkt bleiben. Kant fügt in seiner Logikvorlesung die Anmerkung hinzu: „Dieses Moment der Modalität zeigt also nur die Art und Weise an, wie im Urtheile etwas behauptet oder verneint wird [...].“ (Kant, Logik, § 30, S. 108) Der Modalität aber entkommt kein Denken und Tun. Kant begreift sie als produktiven und synthetisierenden Ausdruck des Erkenntnisvermögens. Die Modalität impliziert für ihn die Frage, ob etwas möglich, wirklich oder notwendig sei, und legt damit die Aufgabe nahe, den Wert zu beachten, der diesen Verknüpfungen in Bezug auf das Denken (und die Moral) zukommt. (Vgl.: Kant, Kritik der reinen Vernunft, A 75, S. 114)

Ohne Kants Ansatz über Gebühr banalisieren und auf ein gänzlich untranszendentales Niveau herabwürdigen zu wollen, wäre in ihm ein wichtiges Unterscheidungskriterium zu gewinnen: Stress lässt sich im Extremfall beschreiben als Eintritt in eine Welt der anonymen Regularität, in der der Betroffene überzeugt ist, ihm sei allein der Part des hektischen Agierens, ja der Gegenwehr zugewiesen. Er wird andere auf diese eigene Wahrnehmung mit Hilfe der Drohung verpflichten wollen, sie hätten den Ernst der Lage nicht verstanden, wenn sie diese Einschätzung nicht teilen. Vor aller Augen entsteht ein System enger notwendiger Kausalitäten, das den Gestressten keinen Moment in Ruhe lässt und ihm die Bequemlichkeit jeglicher distanzierenden Betrachtung verweigert. Von der Notwendigkeit einer brennenden Wirklichkeit ist die Rede; die Möglichkeit, ihrem gefährdenden Zugriff zu entkommen, nimmt der Betroffene als die Aufgabe oder Leistung wahr, die ihn – oft zu Lasten anderer – auszeichnen.

Bescheidenheit wäre als das Gegenteil beschreibbar: Ihre Welt ist nicht-kausal in dem Sinne, dass das Verhalten des Einzelnen in einer Feuerwehrmentalität zu einem einzigen Verhaltensschema genötigt ist. Sollte doch der Brand tatsächlich sein, vergisst der Bescheidene nicht die Hilfestellungen, die ihm andere Helfer, der Feuerwehrwagen, das Wasser und der Schlauch zur Verfügung gestellt haben. Seine Welt ist freundlicher.

12. Reden wir mal darüber: Gibt es eine Ethik der Bescheidenheit?

Ethisch ist man nicht für sich allein; man hat sich die Mitsprache aller auf den Buckel zu laden, ganz so, als gelte es im Zeitalter uferloser Kommunikation, mit der Kant'schen „Maxime, von der du wollen kannst, dass sie ein allgemeines Gesetz würde", ernst zu machen und auf der unendlichen philosophischen Agora anzutreten. Die Ethik kann Argumente für das Verhalten, die Orientierung und konkrete Entscheidungen zuliefern. Sie erhöht damit den Druck, vorgebrachte Positionen gegen Bedenken und Alternativen verteidigen zu müssen. Wir leben in diskursethischen Zeiten. Keine Ethik kann einfach verkünden, wo das Gute ist und wo das Böse anfängt. Wer sich dem Gespräch entzieht, verzichtet auf Geltungsansprüche seiner Ansichten. Nicht nur für die Diskursethik nach Jürgen Habermas oder Karl-Otto Apel gilt, dass Kommunikation und Verständigung an die Stelle der stummen Vergewisserung getreten sind.

„Niemand kann ernsthaft in eine Argumentation eintreten", schreibt Jürgen Habermas, „wenn er nicht eine Gesprächssituation voraussetzt, die im Prinzip Öffentlichkeit des Zugangs, gleichberechtigte Teilnahme, Wahrhaftigkeit der Teilnehmer, Zwanglosigkeit der Stellungnahme usw. garantiert. Die Beteiligten können einander nur überzeugen wollen, wenn sie pragmatisch unterstellen, dass sie ihr ‚Ja' und ‚Nein' einzig durch den Zwang des besseren Arguments bestimmen lassen." (Habermas, Erläuterungen zur Diskursethik, 132) Im Projekt der Diskursethik paaren sich die Bescheidenheit, anderen Auskunft zu geben und zuzuhören, mit der Großartigkeit, im eigenen Denken eine generalisierbare Blaupause für andere gefunden zu haben und sich auf den Tummelplatz der Diskurse zu begeben. Möge der Beste – natürlich in Habermas'scher Zwanglosigkeit des Erfolges durch das bessere Argument – gewinnen.

Soziale Unterstützung, für die Philosophie bereits in ihrem Namen als Freundschaft wirbt, ist im philosophischen Haifischbecken eine theoretisch hochgehaltene Maxime, der in friedlicher Absicht praktisch niemand folgt. Ethisches Denken kann erheblich dazu beitragen, Handlungssituationen genauer und vieldimensionaler zu erfassen; daraus allein ergibt sich aber noch nicht der Konsens der möglicherweise Betroffenen oder der Überzahl der randständig Kommentierenden. Die Kinder machen's besser: Ich sehe was, was du nicht siehst. Die gemeinsame Spielregel leitet den Mitspieler an, selber auf die Suche zu gehen. Findet er das verborgene Objekt, dann hat er, ohne die Eintracht aufs Spiel zu setzen, gewonnen – was ihm in metaethischen Debatten freilich nie passieren wird.

Wenn Gadamers Überzeugung zutrifft, dass jede Aussage den Charakter einer Antwort hat, dann hat der Bescheidene erheblich bessere Chancen, die zugrundeliegende Frage nicht vergessen zu haben. Er hört nicht nur zu, er hört hin und kann dies nur, weil er nicht von vornherein identifiziert hat, was der andere sagen will. (Vgl.: Waldenfels, Das leibliche Selbst, 369 und 381) In Beziehung stehend, muss er sich seiner selbst nicht sicher sein und entgeht damit dem Zwang, über seine Verhältnisse zu leben. Die Bescheidenheit, die hier gemeint ist, ist kein durch Inhalte identifizierbares Programm.

Sie hat teil an dem Paradox, das der Liebe zu eigen ist: Wer meint, besser als der geliebte Mensch zu sein und diesem nur die Bröckchen seiner Grandiosität abgeben will, liebt nicht. Wer glaubt, ihn und sich besser zu kennen und die Strategie schon in der Tasche hat, mit der er den anderen an seine lichte Höhe heranführen will, liebt nicht. Wer den anderen als Spiegel braucht oder ihn in seine eigene Gefühle einschmelzen will, liebt nicht. Achtung vor dem anderen, der unergründlich anders ist, ist jeder Liebe eingeschrieben. Wer sich nur geliebt fühlt, weil er schön, hilflos oder vielversprechend ist und dem spürbaren Erwartungsdruck des anderen Resonanz gibt, dürfte sich insgeheim nach der Bescheidenheit sehnen, die all dies endlich zum Verschwinden bringt. Hilft ihm die Ethik dabei?

Der Karriereknick der Liebe in der abendländischen Ethik ist aufschlussreich. Empedokles sah den Kosmos von Liebe und Hass regiert. Später wurde die Liebe chirurgisch in zwei Hälfen getrennt; deren eine, christlich und mit himmlischem Gesang Gott anhangend, mit ihrer leiblichen Schwester, dem Geschlecht und noch Schlimmerem hörig, nichts mehr zu tun haben wollte. Dann wurde die Liebe immer kleinlauter, spielte aber noch die Begleitmusik zur Ethik der Menschenrechte oder der allgemeinen Verbrüderung.

Kant hatte schon recht mit seiner Ansicht, dieser launisch gewordenen Liebe bloß nichts aufzuhalsen, was die Verlässlichkeit des Prinzipiellen einfordert und damit den Zwang beinhaltet, sich vom Sittengesetz nicht durch unberechenbare Gefühle abbringen zu lassen. Der Liebe befiehlt man nichts, aber manchmal befiehlt sie uns. Kein moralischer Imperativ verpflichtet sie darauf, gerecht zu sein, während die Ethik dies durchaus im Sinn hat. „Was man [...] aus Zwang tut, das geschieht nicht aus Liebe", merkt Kant an, dem sehr an der Nötigung gelegen war, die die Pflicht uns auferlegt. (Kant, Metaphysik der Sitten A 40; S. 533) Die kleine Schwester der Liebe, das Wohlwollen, nahm Kant als einzige der Familie in seine Moralphilosophie auf.

Man könnte der Philosophie geradezu eine außerordentliche Bescheidenheit der Liebe gegenüber attestieren, wenn dies nicht einen Begriff der Bescheidenheit aufzwingen würde, der sich einfach nur unsichere Kontoristen vom Halse hält. Wer philosophische Gedankengebäude nahe an den Abgründen der Menschen baut, tut natürlich gut daran, etwas Distanz zu den schroffen Berghängen zu wahren und keine übermütigen Tänzer einzuladen. Das ist klug oder sogar allzu klug, aber so deutlich der eigenen Absicherung verpflichtet, dass man von Bescheidenheit in dem uns hier interessierenden Sinn besser nicht redet.

Das dabei übergangene Problem darf man nicht klein reden: Wenn Liebe ein Versprechen ist, so ist darin der Doppelsinn des Wortes als Selbstbindung und fälschlich gemachte Aussage präsent. Gleiches gilt für die Bescheidenheit: Wer könnte schon für die eigene Bescheidenheit eine Garantieerklärung ausstellen, aus der hervorgeht, dass der Unterzeichner fortan und verlässlich niemals auf etwas Bestimmtes Appetit haben wird und, sollte es dennoch passieren, diesen einfach großzügig ignorieren wird?

Liebe und Bescheidenheit leben in der Temporalität einer menschlichen Situation. Wann beginnen sie, wann enden sie, was bestimmt ihre Dauer? Hören wir Nietzsche zu: „*Vom Stundenzeiger des Lebens.* – Das Leben besteht aus seltenen einzelnen Momenten von höchster Bedeutsamkeit und unzählig vielen Intervallen, in denen uns bestenfalls die Schattenbilder jener Momente umschweben. Die Liebe, der Frühling, jede schöne Melodie, das Gebirge, der Mond, das Meer – alles redet nur einmal ganz zum Herzen: wenn es überhaupt je ganz zu Worte kommt. Denn viele Menschen haben jene Momente gar nicht und sind selber Intervalle und Pausen in der Symphonie des wirklichen Lebens." (Nietzsche, Menschliches, Allzumenschliches I, § 586) Nehmen wir zum Ruhme der Menschen an, dass Nietzsche schwarzsehend übertreibt, und gestehen wir anderen als wohlwollenden Blankoscheck einfach zu, diese Momente der Liebe erlebt zu haben; dasselbe dürfen wir dann auch im Hinblick auf die Bescheidenheit tun.

Deren Phänomenologie sucht man in der Moralphilosophie wie die Nadel im Heuhaufen, wenn man nicht zu den Büchern greift, die das Hohelied der stoischen Bedürfnislosigkeit oder der christlichen Askese singen. Bescheiden ist man dort, um Unbescheidenes zu erreichen; man entzieht hier seine Liebe, um dort mit ihr mehr zu erreichen. Immer winkt mehr als das, was man aufgibt. Die Philosophie der Investition findet in der Unbescheidenheit ihre Geschäftsgrundlage und erklärt prinzipiell alles für austauschbar und handelbar.

Max Scheler kommentierte die Jahrhunderte lang gepflegte Erwartung, Askese lenke geschlechtliche Energien so geschickt um, dass wahre kulturelle Meisterwerke möglich werden, mit einen lapidaren Halbsatz: „davon indes zeigt die Erfahrung trotz aller Leistungen der Klöster *nichts*." (Scheler, Wesen und Formen der Sympathie,

243) Als Spielsteine im philosophischen Geschäft machen sich Liebe und Bescheidenheit äußerst schlecht. Die philosophische und theologische Tradition hat sie des Öfteren unter Generalverdacht gestellt und für prinzipiell renovierungsbedürftig gehalten, auch und gerade dort, wo sie ihr Loblied sang. Gibt es auch eine bescheidenere Variante der Bescheidenheit, die diesem Bild der Akkumulation eines luftigen Kapitals entkommt?

Es ist sicherlich kein Zeichen von Unbescheidenheit, ein Stück Kuchen zu essen. Das sollten wir uns jetzt gönnen. Setzen wir uns zu Marcel Proust und nehmen wir seine Madeleine einmal nicht als einen Bissen der Weltliteratur, sondern achten wir auf die Bescheidenheit der Erfahrung, die der Autor beschreibt und die alles andere als asketisch oder beschränkt ist. „In der Sekunde nun, als dieser mit dem Kuchengeschmack gemischte Schluck Tee meinen Gaumen berührte, zuckte ich zusammen und war wie gebannt durch etwas Ungewöhnliches, das sich in mir vollzog. Ein unerhörtes Glücksgefühl, das ganz für sich allein bestand und dessen Grund mir unbekannt blieb, hatte mich durchströmt. Mit einem Schlage waren die Wechselfälle des Lebens gleichgültig, seine Katastrophen zu harmlosen Missgeschicken, seine Kürze zu einem bloßen Trug unsrer Sinne geworden; es vollzog sich damit in mir, was sonst die Liebe vermag, gleichzeitig aber fühlte ich mich von einer köstlichen Substanz erfüllt: oder diese Substanz war vielmehr nicht in mir, sondern ich war sie selbst. Ich hatte aufgehört, mich mittelmäßig, zufallsbedingt und sterblich zu fühlen.“ (Proust, Auf der Suche nach der verlorenen Zeit, 63f.)

Welche Anmaßung wäre es, wenn Proust eine Idee erklügelt hätte, aus der sich zweifelsfrei ergibt, dass er fortan unsterblich sei und den Tod nicht zu fürchten hätte? Die Madeleine wäre zu einer blasphemischen Hostie geworden. Wer hätte sie ihm als Seelenführerin zur allgemeinen Unsterblichkeit abgekauft, selbst wenn eine Großbäckerei sie zu Schnäppchenpreisen unters Konsumvolk gebracht hätte? Die Bescheidenheit einer minutiösen Erfahrung ist nicht übertragbar.

Sie stellt kein Argument zur Verfügung, das sich in philosophischen Diskursgemeinschaften nicht lächerlich machen würde. Was Proust beschreibt, ist aber alles andere als lächerlich, obwohl die Erfahrung vielleicht nicht die des Lesers sein wird.

Man besitzt diese Erfahrung nicht und wird sie nicht einüben können. Bescheidenheit zieht die Konsequenz aus der Einsicht, nichts wiederholen und an den Haaren herbeiziehen zu können. Selbst das kleine Musikstück von Vinteuil, Zeichen der Liebe von Swann und Odette, entzieht sich jeder Bemächtigung und Einverleibung: „Als die Sonate von Vinteuil mir ihr verborgenstes Inneres entdeckte, begann, von der Gewohnheit schon aus dem Bereich meiner Empfänglichkeit entrückt, was ich zuerst daran mit Bewusstsein gleichsam bevorzugt festgestellt hatte, mir bereits zu entschwinden, zu entfliehen. Da ich nur nach und nach hatte lieben können, was diese Sonate mir brachte, besaß ich sie niemals ganz: darin glich sie dem Leben." (Proust, a.a.O., 699) Man geht vorbei, wie Melodien, Worte und Situationen an uns vorbei gehen. Man hat vieles im Sinn und anderes vor. Während der Hauskonzerte, die Proust beschreibt, tuscheln die Gäste und niemand hört wirklich zu. Und doch ereignen sich selbst im beiläufigen Hören die unscheinbaren Begegnungen, die mehr über das eigene Leben erzählen können, als sich aufschreiben ließe.

Das, was wir vorbeiziehen lassen, scheint keinen unmittelbaren Zwang auf uns auszuüben. Wir müssen es nicht wahrnehmen. Aus dieser Bescheidenheit heraus bricht sich manchmal das Wichtigste seine eigene Bahn und erreicht uns in unerwarteten Augenblicken: „Wenn diese [die Schönheiten in der Sonate; d.A.] uns dann schon wieder mehr aus dem Bewusstsein entschwinden, ist der Weg für uns frei, eine Klangfolge zu lieben, die in ihrer ganz neuen Ordnung anfänglich unsern Geist nur verwirrte, so dass wir sie zwar nicht erkennten, sie selbst aber auch ganz unangetastet blieb; sie, an der wir täglich vorübergingen, ohne zu wissen, und die sich aufbewahrte für uns [...]." (Proust, a.a.O., 699)

Wer bewahrt die Erinnerung auf? Was ist sie überhaupt? Der Geizige, der kein Jota davon dem vergesslichen Fluss der Zeit überlassen will, glaubt es zu wissen: Sie ist sein Eigentum. Seine ewig wache Sammelwut und seine archivarische Besessenheit spiegeln sich wohlig in den ausgesuchten Episoden seiner Geschichte. Es gibt nur die eine, und er ist ihr Sachwalter und Verkünder. Alles ist zu belassen, wie es seiner festen Überzeugung nach war, die notfalls gegen den Rest aller Beteiligten steht. Er ist das Zentrum einer Geschichte, in der Menschen und Dinge sprachlos an die Peripherie geheftet werden. Eigentlich ist er sein einziger Zuhörer oder Zuschauer. Der gierig Hortende wird nicht einsehen wollen, dass die eigene Geschichte mit jedem Moment, der in ihr noch lebt, mit jedem Menschen, dessen Resonanz sie sich angeeignet hat, und mit jedem Flimmern der Dinge seiner Macht entzogen ist. Sie wird weggehen und bestenfalls wiederkehren wie der Wind, der weht, wo er will.

Dem Bescheideneren sagen das sanfte Entgleiten und die plötzliche Wiederkehr mehr. Er weist die Positionen des großmächtigen Sinnverwalters oder der souveränen Organisators zurück und erlebt die Überraschung, dass das, was er sensibel und anteilnehmend seiner Wege ziehen ließ, jederzeit in einem anderen Gesicht mit umschmelzender Tiefe wieder Präsenz gewinnen kann. Zu den quälenden Passagen von Prousts Roman, deren Zeit für den Leser nicht vergehen will, gehören die Schilderungen der Eifersucht, die Marcel, den Erzähler der *Recherche*, unglücklich an Albertine bindet. Er liebt sie – liebt er sie wirklich? So nah, wie er sich der im Schlaf betrachteten Albertine fühlt, kommt er ihr nie. In Beziehung gerät alles in Bewegung. Man liebt „tausenderlei Formen, Reize und Gesten der lebenden Erscheinung" und schafft sie aus Gewohnheit „zu einer Art ruhiger Einheit" um. „Das geliebte Modell ist in steter Bewegung; man erhält davon immer nur eine verwischte Photographie." (Proust, a.a.O., 646)

Kein philosophischer Skeptizismus, sondern die reflexive Bescheidenheit des Erfahrenden bemerkt das Ausfransen der Konturen, das

Dämmerlicht, vielleicht sogar die Mehrfachbelichtungen in einem Bild, das nun nichts mehr mit scharfen Umrissen beweisen wird. Wer glaubt, seiner Erinnerungen mächtig zu sein, ganz als hätte er sie unzweifelhaft notiert bis zum jüngsten Tag, ist an solcher Undeutlichkeit nicht interessiert. Er untermauert die Unbeweglichkeit der fest installierten Sammlerstücke mit dem Transformationsverbot seiner selbst. Implizit ist er davon überzeugt, den einzig richtigen Blick auch in verworrensten Situationen auf Menschen und Dinge geworfen zu haben. Der Unbescheidene hat immer Recht – damals und in alle Ewigkeit.

Wer diesem Spiel fern steht, mag sich freuen, früheres Geschehen nicht in dieser Weise an sich gefesselt und seiner eigenen Vitalität beraubt zu haben. (Vgl.: Proust, a.a.O., 846) Bedeutungen, die das Lebensrecht der anderen wahren, lassen sich nicht einbalsamieren. Proust vergleicht sie mit einer Photographie: Fern des Aufnahmemoments entwickelt man sie in der eigenen, dem Blick der anderen verschlossenen Dunkelkammer, noch später erst entstehen die Abzüge, die man anderen zeigen könnte. (Vgl.: Proust, a.a.O., 1145) Bescheidenheit wäre das Eingeständnis, dass es keiner Macht eines souveränen Ichs gelingen wird, sich ein anderes Wesen willkürlich in Erinnerung zu rufen, ohne – eine entsprechende Sensibilität sei vorausgesetzt – mit dem Zweifel Bekanntschaft zu machen, ob das Ich dieses Wesen damit nicht geradezu vergisst. (Proust, a.a.O., 1204) Bescheidenheit wäre Voraussetzung, dieses Palimpsest nicht anzuhalten und sich seinen Bewegungen anzuschmiegen.

Welche Ethik könnte das einfordern? Die Erinnerung, um die es in der Perspektive der Bescheidenheit geht, steht nicht in unserer Macht. Das Kant'sche Dilemma, der solches von der Liebe sagte und sie deshalb aus dem engeren Kreis seiner Moralphilosophie ausschloss, kehrt wieder. Hat sie vielleicht Nachbarn, die ihr zur Aufnahme in das ewige philosophische Kolloquium verhelfen? Für Avishai Margalit, Autor des Buches *Ethik der Erinnerung*, ist sie in ein grundlegendes Beziehungsdreieck integriert: „Die eine Seite dieses

Dreiecks verbindet Erinnerung und Anteilnahme, die zweite Seite Anteilnahme mit Ethik; danach erst kann man auch die Beziehung von Erinnerung und Ethik thematisieren." (Margalit, Ethik der Erinnerung, 18) Erinnerung wird zur geteilten Erinnerung, in der uns die Forderung treffen kann, etwas gegen unsere Erinnerung erinnern zu sollen. Die Nötigung, historische Schuld in diese Erinnerung einzutragen und in ihr die Opfer zu Wort kommen zu lassen, stellt einen vehementen Eingriff in weit verbreitete Autarkievorstellungen des Einzelnen dar. Welche persönlichen Erinnerungen aus der Zeit von 1933 bis 1945 könnten ihr entgehen?

Bescheidenheit ist vorausgesetzt, sobald die eigenen Erinnerungen in diese dialogische Situation eintreten und sich dem Vergessen der Vergessenen entgegenstellen. Sie dürfte selten sein. Ihr Gegenstück ist die gehütete Welt von damals. Sie schützt sich von dem Schmerz der Anerkennung der unverfügbaren Existenz der anderen durch die hermetische Abgeschlossenheit ihrer Episoden oder durch die geschickte Auswahl der Kontexte, in denen man sie zu teilen vermag. Ethische Reflexion wird deren Bedeutung nur in der Anerkennung der ausgeschlossenen anderen diskutieren können und späte Anteilnahme einfordern. Sie muss die Fixierung auf die reine „Sorge um sich selbst" durchbrechen.

Wird Bescheidenheit im Arsenal der modisch florierenden Lebenskunst geführt, droht ihr der Verlust dieser Einsprüche. Als Beiprodukt eines ästhetisch motivierten Lebensstils ist sie einer ethischen Banalisierung ausgesetzt. Hier wird dann alles im wohlklingenden Stil verkündbar: die „Sorge um sich selbst" nach Foucault geht als „Sorge um den Anderen" nach Lévinas durch, wenn sie nicht gar als Geburtsstätte der wahren demokratischen Gesinnung hinterrücks noch Karriere macht. Individuelle Konsumzurückhaltung erhält, ohne dass deren Wurzeln interessieren könnten, die Weihen globalisierter ökologischer Einsicht. Der Ästhetik des Einfachen traut man selbstverständlich auch zu, die Lösung komplexester Fragen vor Augen zu führen. Die Botschaft ist verlockend genug: Das

Schwierigste ist leicht, du kannst es, weil du es sowieso schon richtig machst.

Während eigentlich nicht viel eingefordert wird, rutscht man in die schöne Position dessen, der seine Hausaufgaben erledigt hat und nun seinen persönlichen Vorsprung präsentieren kann. Man „lebt" schon die Antworten, die andere noch nicht einmal vor sich herstammeln können. Diese Kommunikation, oft wortlos und mit den Markenzeichen von Produkten geführt, nutzt geschickt die moralischen Restbestände der Gesellschaft und harmonisiert, was das Zeug nicht hält. Der Erfolgreiche hat einfach eine klügere Idee, ist aber sozial bis ins Mark und so lässig, dass ihm kein Konkurrenzgebaren aus den Augen guckt. Man konsumiert schon für die Welt von morgen und stellt Dinge aus, bei denen nicht allein die Sozial- und Ökologieverträglichkeit gleich mitgekauft wurden, sondern auch das positiv bewertete Image des Konsumenten. Man hat ein offenes Herz für alle Unterdrückten der Welt, tut aber nichts für sie oder gegen die Weltordnung, die ohne ihre verzweifelte Lage nicht auskommt. Bescheidenheit ist demonstrativ geworden, denn als Ästhetik ist die Lebenskunst eine Welt mit Zuschauern.

Die propagierte Selbsterkenntnis scheint plötzlich von der Aufgabe befreit, wie ein Psychoanalytiker in eigener Sache auf die Spur dieser ungemütlichen Ambivalenzen zu stoßen oder wie ein „Sozioanalytiker" in eigener Person Abstand von der Idee nehmen zu müssen, der Beiseitestehende schulde und verschulde nichts mehr. In diesen Strudel gerissen, würde Bescheidenheit erodieren. Kant verknüpfte die den anderen zugestandene Würde geradewegs mit der Bescheidenheit, die er als freiwillige Einschränkung zu Gunsten ihrer Anerkennung verstand. (Kant, Metaphysik der Sitten A 139; S. 600) In der aktuellen Entwicklung der Ethik scheint diese Position folgenlos verstummt zu sein.

Kant platzierte sein Votum für die Bescheidenheit wohlweißlich in der Tugendlehre. Sie kommt dem unerbittlichen Gesetz, das keine Ausnahmen zulässt (nicht einmal eine kleine Notlüge!) und keine selbstgefällige Trickserei duldet, in einem wichtigen Punkt entgegen: Der Tugendhafte hat solcherlei Schattenboxen auch gar nicht nötig. Ausgestattet mit der Gesinnung, die den „guten Willen“ zur Praxis macht, folgt er nicht erklügelten Moralvorstellungen, sondern seine bessere Seele spricht.

Hier gerät selbst ein Kant ins Schwärmen: „In seiner Reinigkeit, in der Erweckung des Bewusstseins eines sonst von uns nie gemutmaßten Vermögens, über die größten Hindernisse in uns Meister werden zu können, in der Würde der Menschheit, die der Mensch an seiner eignen Person und ihrer Bestimmung verehren muss, nach der er strebt, um sie zu erreichen, liegt etwas so Seelenerhebendes, und zur Gottheit selbst [...] Hinleitendes [...].“ (Kant, Die Religion innerhalb der Grenzen der bloßen Vernunft, A 268, S. 857) Und schon wieder beschleicht den Leser das Gefühl, dass Kants Eloge, mit dem Seitenblick auf die Bescheidenheit betrachtet, dieser mächtig aus dem Ruder läuft. Da wird eine ganze Moral- und Seelenordnung aufgefahren, deren Spannbreite vom unscheinbaren Alltag bis ins Vorzimmer Gottes reicht. Wäre Nietzsches Philosoph, der den Moment eines nicht-schattenhaften Lebens erfährt, damit glücklich? Hätte Prousts Erzähler Marcel seine Bescheidenheit als die philosophisch polierte Tugend Kants wiedererkannt?

Die Anmutung, eine „Tugend“ zu sein, bekommt der Bescheidenheit durchaus nicht gut; auch die Tugendphilosophie unserer Zeit ist vor der Versuchung nicht gefeit, dem besseren Menschen werbend hinterherzuphilosophieren und Kandidaten auch gegen ihren Willen in diese Riege aufzunehmen. (Vgl.: Robert R. Louden, Einige Laster der Tugendethik, 185-212) Braucht Bescheidenheit diese Verstärkung? Ludwig Wittgenstein bemerkte in einer seiner letzten Aufzeichnungen: „Es ist, als ob das ‚Ich weiß‘ keine metaphysische Betonung vertrüge.“ (Wittgenstein, Über Gewissheit, § 482) Die gleiche Melodie spielt um den, der bescheiden ist und denkt: Mir ist, als vertrüge ich weder, Beispiel zu sein, noch, durch eine philosophische Norm gerechtfertigt zu werden. Beide Versuche würden ihn in seinen eigenen Augen zum Schauspieler machen und damit zerstören, worum es ihm geht.

Aber worum geht es einem Bescheidenen? Er steht in Situationen wie jeder andere auch und nimmt sie vielleicht anders wahr, weil sich die Orientierung seiner Wahrnehmungs- und Handlungsbereitschaft unterscheidet. Warum soll er sich Dinge, Verhaltensweisen oder Werte, die ihn kalt lassen, als die eigenen aufdrängen lassen? Muss er das wollen, weil andere diese in ihm gern als Ausdruck eines tugendhaften Willens identifiziert sehen? Ein empathischer Mensch bräuchte keine Aufforderung, Mitleid zu zeigen. Ein bescheidener Mensch wird das Angebot, ihm philosophische Regelsysteme der Bescheidenheit zu offerieren, als unsinnige Zeitverschwendung abtun. Er fühlt sich nicht angesprochen und wäre vor der Klassifizierung seiner selbst alles andere als begeistert. Auch würde es für ihn kein lohnendes Ziel darstellen, das, was er als sein spontanes So-Sein erlebt, in philosophische Argumente umzumünzen und mit ihnen auf dem moralphilosophischen Turnierplatz zu erscheinen.

Der Bescheidene weiß, dass er anders ist, ohne von anderen zu fordern, zu sein wie er. In seiner Welt ist Bescheidenheit möglich und für ihn des Öfteren ganz natürlich. Sein eigenes Reden über seine Welt zieht aus der moralphilosophischen Nomenklatur weder Anregung noch Nutzen, ebenso wie Prousts Erzähler zwar vor der Aufgabe steht, zum Schriftsteller werden zu müssen, um im Schreiben verstehen zu können, was ihm widerfährt, keinesfalls aber zum Moralisten der Erinnerungskultur wird, die den Leser argumentativ durcheinanderschütteln soll.

Geben wir die Frage nach der Tugend nicht vorschnell auf: Könnte sie nicht nach der Möglichkeit einer gemeinsamen Welt suchen, in der der „Tugendhafte" in einer Weise lebt und agiert, die auch anderen etwas mitteilt? „Es ist unmöglich, eine Situation, in der es dem Tugendhaften erscheint, als fordere die Tugend ein bestimmtes Handeln, genau zu sehen wie er, ohne jedoch einen Grund für diese Handlungsweise zu sehen", schreibt der Philosoph John McDowell

(McDowell, Wert und Wirklichkeit. Aufsätze zur Moralphilosophie, 150). So würde man einem Bescheidenen seine Bescheidenheit nicht lassen, sondern sie mit einem Geflecht von Erklärungen und Mutmaßungen unterlegen, sprich Moralphilosophie betreiben.

Muss man die Bescheidenheit in dieses Korsett zwängen? Selbst die eines Clochards käme da nicht unbedingt gut weg; gern wird man sich auf Zeugnisse aus erfahrenem Mund stützen wie die Sätze von Cioran: „Schade, dass man in der Bescheidenheit keine Fortschritte machen kann. Ich habe mich mit ziemlich viel Eifer darum bemüht, aber bin nur in Augenblicken großer Mattigkeit dahin gelangt." (Cioran, Gevierteilt, 95) Aha, Mattigkeit: Der müde Mensch ist notwendig bescheiden und vielleicht so verwahrlost, dass er nicht einmal seine Bescheidenheit hegen und pflegen kann.

Aristoteles wäre wohl vorsichtiger mit solchen Bewertungen umgegangen. Tugenden werden durch Handlungen begründet und durch Einübung habituell. Sie verdanken ihr Maß nicht dem mit viel Kontrolle eingehaltenen Verbot, dass man nicht über die Stränge schlagen solle, sondern der wiederholten und tätigen Erfahrung dessen, was man gut finden kann. Der Tugendhafte konfektioniert sich nicht durch einen zurückgelegten Parcours voller Selbstbeschränkung und Verzicht für seine große moralische Rolle, denn „für den Tugendhaften ist sein Sein ein Gut [...]; der Tugendhafte findet auch Gefallen im Verkehr mit sich selbst. [...] Da sich nun alle diese Momente bei dem Tugendhaften im Verhältnis zu sich selbst finden, und da er gegen seinen Freund wie gegen sich selbst gesinnt ist – ist doch der Freund ein zweites Selbst –, *so scheint auch die Freundschaft eines von diesen Dingen zu sein und Freunde diejenigen, bei denen sich diese Dinge finden.*" (Aristoteles, Nikomachische Ethik 166a, S. 216 f.) Diese Sache dürfte auch den Bescheidenen brennend interessieren: Was findet denn der Tugendhafte so Spannendes in sich selbst? Da allerorten die Antwort schon bereitliegt und der Urteilsspruch, je nach terminologischem Niveau, auf Selbstverliebtheit oder Narzissmus lautet, scheint dieser Fund auf den ersten Blick nicht der Rede wert.

Aristoteles macht es nicht so einfach. Freunde sind bei ihm kein Kreis von Claqueuren, in dem jeder dem anderen den sicher zu erwartenden Beifall spendet. Während Freundschaft, wie der Soziologe Georg Simmel vor gut hundert Jahren schrieb, in der Moderne die Distanz braucht, auf dass man sich bloß nicht zu nahe trete, hatte Aristoteles eine andere Vorstellung von ihr. (Georg Simmel, Psychologie der Diskretion, 108) Im Unterschied zu unserer modernen Erfahrung hält sie einiges aus; Freunde werden nicht so schnell ausgetauscht. Das liegt nicht an festen Vorsätzen, die die Freunde, koste es, was es wolle, auf ewig zusammenketten. Ganz im Gegenteil: Der freie Selbstbezug, den der eine gefunden hat, verbindet ihn mit dem anderen, der Ähnliches erlebt. Freundschaft bedeutet die kommunikative Intensivierung dieses Selbstbezugs, die ohne diesen besonderen anderen nicht möglich ist. Ist das eine Tugend? „Sie ist eine Tugend oder mit der Tugend verbunden", lautet die ausweichende Antwort. (Aristoteles, Nikomachische Ethik 1155a, S. 181) Begriffe spielen hier eine untergeordnete Rolle, weil sie nichts zum Gelingen dieser Freundschaft beizutragen wüssten.

Wer bezweifelt, dass diese Ausführungen zur Tugend gut in die heutigen Moraldebatten oder überhaupt bruchlos in die Moralphilosophie passen, kann sich inzwischen der Unterstützung kluger Kommentatoren sicher sein. (Vgl.: McDowell, a.a.O., 31 f., 151 f.) Immerhin wäre der so verstandene Aristoteles ein gern gesehener Gast in unserem Dilemma. Tugenden betreffen Handlungen, die es wert sind; sie betonen den Selbstbezug und öffnen sich den anderen in einer besonderen Weise, deren Kennzeichen die Freundschaft ist. Die Ethik kann sie nicht als Forderung begründen, sie wird sie aber in vielfältiger Form voraussetzen müssen. Noch heute trifft die Frage, woher wir die Motivation nehmen sollten, einem ethischen Imperativ auch gegen unsere Lust zu folgen, den wunden Punkt jeder Moralphilosophie. Wie gern hätte sie sich angeeignet, was ihr konstitutiv verwehrt scheint: die praktische Begründung eines guten Willens, vielleicht verbunden mit einem kleinen Kursus für bessere

Menschen oder die, die es werden sollen. Wie gewonnen, so zerronnen: So lernt man Tricks oder Ticks, aber keine Lebensweisen, für die man mit der ganzen Person einstehen könnte. „Soweit man die Tugend fassen kann, wird sie zur Karikatur", sagte Vladimir Jankélévitch im Gespräch. „Wer sie gefunden hat, hat sie augenblicklich wieder verloren." (Jankélévitch, Berlowitz, Irgendwo im Unvollendeten, 65)

So bliebe in gewissem Sinne das Staunen, das der Philosophie der Natur oder des Geistes so kräftigen Auftrieb gab, in der Moralphilosophie aber merkwürdigerweise stark unterrepräsentiert ist. Bescheidenheit ist erstaunlich. Man wird der Zirkularität in diesem Falle nicht entkommen, die, nach kritischer Prüfung, in der simplen Feststellung besteht, dass der Bescheidene tatsächlich bescheiden ist. Seine Orientierungen sind auf keiner deontologischen Karte sauber zu verzeichnen. Aus diesem leeren Kreisen führt ein Weg heraus, den man bei Aristoteles vorgezeichnet findet: Gehört zur Bescheidenheit nicht geradezu die Freundschaft, die einladend ist und kein Gebot, sondern ein Geschenk darstellt?

Nicht verschwinden wird sie in der freundlichen Beziehung, in der Erfahrung eines Lebens, das mit ihr gut genannt werden kann. Selbst Kafkas bescheidener Hungerkünstler hatte Glück – das späte Glück eines Momentes der Freundschaft. Der Wächter hatte endlich die Frage gestellt, die er „mit wie zum Kuss gespitzten Lippen gerade in das Ohr des Aufsehers hinein [beantwortete], damit nichts verloren ginge." (Kafka, Ein Hungerkünstler, 199) Aus Bescheidenheit wollte er seine Worte nicht in den Wind sprechen.

13. Politik der Bescheidenheit

Politik beginnt, wo die Herrschaftsausübung aufgrund ihrer bloßen Macht gebrochen scheint und sich mit denen zu verständigen hat, die unter ihr stehen. Ihre Geschichte ist die der Mächtigen und der Machtlosen. Vielleicht wusste zu dem Zeitpunkt, da in Athen die Bürger Anteil an der Polis nehmen konnten, kaum einer der verwunderten Neu-Bürger seine Position zu begreifen. Er war da, er war unter seinesgleichen, da waren auch die anderen, die Familien und die Gruppen, die die Stadt regiert hatten und nur auf die Chance warteten, es nach Beendigung des demokratischen Intermezzos nach alter oligarchischer Sitte wieder zu tun. Den Mittellosen hat die Polis nun in die Arena der Politik eingeladen und ihm sogar im Falle der Bedürftigkeit den Verdienstausfall erstattet.

Wie mag es ihm zumute gewesen sein? Zählte er so viel, dass plötzlich sogar jemand für ihn zahlte? Er bekam etwas und wusste nie, ob er wirklich etwas hatte: Die Armen blieben auch in Athen arm. Das Wort Solons ist das eines leidenschaftlichen Politikers und ernüchterten Beobachters: „Manche kamen, um zu rauben, hegten maßlose Hoffnungen, denn jeder von ihnen glaubte, großer Reichtum würde ihm zugeteilt, und ich würde, jetzt noch schmeichelnd, herrischen Sinn offenbaren. Töricht war, was sie sich damals dachten, und jetzt sehen sie mich voller Zorn alle mit schiefem Blick wie einen Feind an.“ (Solon, zit. n.: Michel Austin, Pierre Vidal-Naquet, Gesellschaft und Wirtschaft im alten Griechenland, 191)

Es war eine gefährliche Position, die Solon bezog, als er der Gleichheit (*isotes*) die Bedeutung zuerkannte, die Bürger politisch zu einen und die Stadt als eine Stadt aller Bürger (Sklaven und Fremde blieben ausgeschlossen) zu begründen. Ihren Leitstern, die Freundschaft (philia), trugen auch die Denker im Namen, die sich Philosophen nannten. „Ohne *isotes* gibt es keine Stadt, weil ihr die *philia* fehlte, fasst der Gräzist Jean-Pierre Vernant präzise zusammen.“

(Vernant, Die Entstehung des griechischen Denkens, 92) Unser heutiges Wissen, wie begrenzt der demokratische Elan der Solon'schen Reformen war, in der politisch wichtige Ämter und Positionen dem Armen weiterhin unerreichbar blieben, darf über das Skandalon nicht hinwegtäuschen: Das Macht- und Besitzgefälle musste nun idealerweise so auszutarieren sein, dass der demokratische Prozess nicht zum reinen Theaterspiel verkommt. Noch Aristoteles hatte nicht vergessen, dass Solon ein Gesetz gegen den schrankenlosen Erwerb von Grundbesitz, synonym mit der Konzentration immer größerer Macht in wenigen Händen, durchgesetzt hatte. (Aristoteles, Politik 1266b; S. 52)

Reichte das aus, um den sozialen Frieden zu etablieren? Aristoteles hätte gern mehr gesehen: „In einem gewissen Sinne nämlich müssen die Güter wirklich gemeinsam sein, im ganzen aber Privateigentum bleiben. Wenn jeder für das Seine sorgt, werden die gegenwärtigen Beschwerden wegfallen [...]. Um der Tugend willen aber muss es mit dem Gebrauche des Eigenbesitzes nach dem Sprichwort gehen: ‚Freunden ist alles gemein.'" (Aristoteles, Politik 1263a, S. 39) Offenbar kann hier aber Tugend gegen Tugend stehen: Die des guten Ökonomen ist dem Haushalten in der sozialen Ordnung der Hauswirtschaft verpflichtet. Er produziert Überschüsse und kann sich gewinnbringend am Handel beteiligen.

Die Geldwirtschaft wird seiner Tugend zur ernsten Gefahr; Reichtum setzt den nicht enden wollenden Aufschaukelungsprozess der neuen Bedürfnisse, die auf die Befriedigung folgen und keinen Luxus verschmähen, in Gang. Ein gutes Leben, wie es Aristoteles versteht, geht in den Flammen destruktiver Begierden unter. Gerechtigkeit heißt in diesen Zeiten die schon defensive Haupttugend der Polis, während sich Freundschaft als philosophisch-aristokratisches Modell in die Randbereiche der Politik verzieht. „Man sieht also", schließt er, „dass der Gerechtigkeitssinn es ist, der einen nach einer unparteiischen Instanz suchen lässt, wie es das Gesetz ist." (Aristoteles, Politik 1287b, S. 117)

Gerechtigkeit und Bescheidenheit stehen in einem außerordentlichen Spannungsverhältnis. Gerechtigkeit muss darauf bauen, dass Ansprüche vorgebracht und nach Maßgabe geltender Normen und Gesetze verhandelt werden. Sie verteilt knappe Güter in einem unparteiischen Verfahren. Dieses achtet die Gleichheit aller Beteiligten oder erkennt denen mehr zu, die durch Benachteiligungen aller Art von gleichen Lebenschancen ausgeschlossen sind. Bescheidenheit entzieht sich diesem Verfahren, in dem ja nicht nur die verteilende Instanz unparteiisch wird. Unter der Perspektive der Gerechtigkeit mutiert jeder Einzelfall zum allgemeinen Präzedenzfall, der gegen andere abgewogen werden kann. Antragsteller und Entscheider sind nie dieselbe Person. Dem gegenüber scheint der Bescheidene auf der Unteilbarkeit seiner Selbstverfügung zu bestehen.

Er lässt nicht gern mit und über sich handeln und transformiert sein Anliegen nicht in die Kunstform einer politischen oder juristischen Verhandlungssache, die seinen Intentionen fremd gegenübersteht. Diese fundamentale Blockade ihrer politischen Bedeutung ist umso folgenreicher, weil sie auch eine wesentliche Grundlage demokratischer Politik betrifft. Demokratie bedeutet notwendigerweise den zumindest partiellen Machtverzicht derer, die die Macht hätten, ihre Anliegen ohne die Fesseln demokratischer Mitsprache gut oder wohl auch besser durchzusetzen. Man könnte dieses Abstandnehmen von der offenen Machtpolitik als erzwungene oder durch kluge Strategien nahegelegte „Bescheidenheit" bezeichnen. Komplementär weist diese Transformation denen, die aus ihrer Machtlosigkeit im Sinne demokratischer Beteiligung herausgelöst werden, beinahe die Pflicht zu, diese Emanzipation nicht durch falsche „Bescheidenheiten" zu destruieren. Im Wort „Bescheidenheit" drückt sich ein eklatanter politischer Antagonismus aus.

„Die Politik", kommentiert der Philosoph Jacques Rancière, „das ist der Tätigkeitsbereich eines Gemeinsamen, das nicht anders als strittig sein kann, das Verhältnis zwischen den Teilen, die nur Parteien und Ansprüche sind, deren Zusammenrechnung immer ungleich dem Ganzen ist.“ Politik ist eine Sache der „Subjektivierungsweisen“, indem sie „Identitäten [...] in Streiterfahrungen umformt.“ (Ranciére, Das Unvernehmen, 27 und 47) Man weiß, was zu sagen ist, und kennt auch schon die Antwort der Gegenpartei. Beide folgen Logiken, die nicht zur Deckung kommen werden und hinter fragilen Kompromissen jederzeit ihre Antagonismen neu anfachen können.

Bescheidenheit offeriert keinen Entzug aus diesem Antagonismus. Auch bei massiver Stimmenthaltung von Nichtwählern gelten Regierungen als demokratisch legitimiert. Wer wählt, kommt andererseits dem Bedürfnis der politischen Klasse nach, mit seiner Stimme für deren Legitimation zu sorgen, ohne sich allzu störend in die politischen Prozesse einzumischen. (Vgl.: Colin Crough, Postdemokratie, 143) Politische Willensbildung basiert in dieser Form auf dem Verzicht, in Projekten partizipativer Bürgerbeteiligung und direkter Demokratie auf die Etablierung anderer Spielregeln zu pochen. Der reine Wähler ist allzu bescheiden.

So kehren in den heute vom Verfall bedrohten Formen repräsentativer Demokratie, deren Freiheitsverständnis global auch mit Waffengewalt schmackhaft gemacht wird, tatsächlich die Paradoxien der Bescheidenheit wieder. Ohne Widerrede erträgt man die Normalität einer verweigerten oder massiv eingeschränkten Beteiligung an politischen Entscheidungen. Deren emotionales Repertoire wird längst schon von Werbestrategen konstruiert und von Bürgern willig konsumiert. Das Grundgesetz erklärt, dass Parteien bei der Willensbildung des Volkes mitwirken (Art. 21 I 1), allerdings nur im vorparlamentarischen Raum, während in den hohen Hallen eine besorgniserregend anwachsende Zahl von Gesetzgebungen als alternativlos durchgepeitscht werden. Man fragt Experten, auch Lobbyisten, und diskutiert kaum mehr. Parlamentarier klagen, kaum noch ausreichend und zeitgerecht informiert geschweige denn in der verfassungsgemäß vorgesehenen Form an politischen Prozessen beteiligt zu werden.

Die Gebote, sich nicht selber um das zu kümmern, was als eigenes persönliches, soziales oder politisches Anliegen deutlich geworden ist, wirken zwanghaft. Wer sich als Betroffener äußert, ist ein gern gesehener Gast in den Medien; mag er jammern und klagen, wie er will. Damit verletzt er aber die Norm der politischen Entscheidungsfindung, die auf Distanzierungen beruht. Der Spezialist erkennt und definiert ein Problem mit der ihm eigenen unabhängigen Expertise; wo sie als implizite Parteilichkeit fragwürdig geworden ist, setzt man Kommissionen und Gremien mit einer gewünschten Mischung unterschiedlicher Positionen zusammen.

Will der Betroffene hier mitreden, muss er auch Spezialist werden und sich zu der Ausgewogenheit der Urteile durchringen, die ihn im Zweifelsfall sogar veranlassen könnte, bald auch das Gegenteil von dem zu vertreten, was ihn doch in die Runde geführt hat. Eine Bescheidenheit löst die andere ab: Stand am Beginn ein bescheidenes Festhalten an einem konkreten Anliegen, so erwartet ihn am Ende die Bescheidenheit, es im Nebel der tanzenden Positionen nicht mehr wiederfinden zu müssen. Man tauscht es gegen gewichtigere Konzepte ein. Unter den Schustern, deren Leisten heimlich gegen hochtrabende Begrifflichkeiten ausgewechselt wurden, hätte ein Sokrates seine idealen Klienten gefunden.

Die aktive und vernehmbare politische Willensbekundung ist heute in sozialen oder lokalen Bewegungen am sichtbarsten. Sie sprengen die Grenzen der Kommunikationsfähigkeit etablierter repräsentativer Politik. Erst diese Erfahrung offenbart die Gefahren der habituell gewordenen und systemisch gezüchteten Wahlzettel-Bescheidenheit. Die Analyse ihrer politischen und sozialökonomischen Hintergründe wäre Bedingung dafür, einen anderen Begriff der Bescheidenheit im politischen Kontext einer globalisierten Politik zu entwickeln.

„Take from the needy and give to the greedy". (Noam Chomsky, Haben und Nichthaben, 127) Der ethisch anspruchsvollere Bürger wird diese faktisch dominierende Maxime globalisierter Finanz- und

Welthandelspolitik kritisieren und gleichsam die Distanz genießen, in dieser Kritik selber nicht mitbetroffen zu sein. Die willig übernommene Bescheidenheit im Hinblick auf die aktive Gestaltung politischer Prozesse entlastet ihn. Sie erlaubt, materiell eben davon zu profitieren, was sein Gewissen den anderen als skandalöse Praxis vorwirft und gleichsam als Bestätigung seines eigenen Gutseins erlebt. Welch eine Unbescheidenheit, immer zu den Siegern gehören zu müssen: materiell hier, moralisch dort. Über die eigene Lebenspraxis ist damit noch nichts gesagt.

Kinderarbeit will niemand, Schnäppchen schon – in denen sie unerkannt, aber keineswegs unvermutet drinsteckt. Das billige T-Shirt ist schon um die ganze Welt geschippert und hat in allen Regionen Halt gemacht, in denen Rohstoffe und Arbeitskraft billig zu haben sind. Jede Provinzbank schickt mittlerweile das Geld ihrer Anleger um den Globus, um kumulative kapitalistische Wirbelwinde mit eindrucksvollen Schneisen der Zerstörung zu hinterlassen. Den Anleger trifft keine Schuld, er hat nur die gute Rendite nicht ausschlagen können und ist doch ethikbewusst bei seiner gemütlichen Hausbank Kunde und nicht etwa bei Heuschrecke und Konsorten.Die Automobilität macht die Umwelt und die Lebensräume der Menschen kaputt: Wir brauchen also Elektroautos, deren durchaus prekäre Umweltbilanz uns nicht durch Gestank und Lärm präsent wird. Gar nicht so viel kleiner sollen sie sein, echte Hingucker mit dem eingebauten Prestige, dass den Fahrer in die Avantgarde der Gerechten und Ökologiebewussten erhebt; sogar ein Porsche säuselt in dieser Flotte. Wer nicht warten will, kann jetzt schon CO_2-neutralen Treibstoff tanken. Der Hunger kriegt immer mehr Menschen auf der Welt in seine Krallen, während die Ökobilanz der zu Benzin umgewandelten Feldfrüchte äußerst positiv sein soll. Moralisten könnten sich in billigen Eifer hineinschreiben, während die Liste der neuen Produkte mit dem guten Gewissen endlos wird. Sie aufzusetzen macht mehr Spaß als sie zu lesen – es sei denn, der Leser kennt eine oder mehrere Personen, denen er die gebündelten Weisheiten um die Ohren hauen wird, dann hat er durchaus etwas davon. Man sagt seinen neu erworbenen Spruch auf und ward verschwunden.

Wer hier wirklich etwas besser machen will, ist und bleibt den Augen anderer ausgesetzt, die ja auch massenmedial mit den neuesten Katastrophen versorgt sind. Der moralische Druck steigt und erweitert sich auf Themen der alltäglichen Lebensführung, die noch vor ein oder zwei Generationen keinen Ethiker interessiert hätten. Sie hatten es gemütlicher und konnten, wie seinerzeit Otto F. Bollnow, dem Wesen und Wandel der Tugenden hinterhersinnieren. Eine von ihnen war die Sparsamkeit, in der sich die Heidegger'sche Sorge als Vorgriff auf die Zeit des Menschen äußerte, verbunden mit der Frage, was denn nun wirklich wichtig im Leben sei. Das wiederum setzte die so unterschiedlichen Seinsdenker, Existenzialisten und Häuslebauer ins gleiche Boot. Heute erklären Ökonomen den Sparsamen, dass ihre Kaufzurückhaltung das Investitionsklima lähmt und den Arbeitsmarkt mitsamt den Sozialversicherungssystemen belastet; auch erhöhten wachsende Spareinlagen die destruktiven Potentiale der gigantischen weltweiten Finanzströme. Selbst die bescheidene Ersparnis durch das billige T-Shirt, das kaum einen Sommer überleben wird, bedeutet nichts Gutes, nämlich Verschwendung von Ressourcen wie dem immer knapper werdenden Wasser und eine hohe Wahrscheinlichkeit, dass giftige Stoffe die Produzenten und das Produkt belasten.

Man liegt völlig falsch, wenn man das Sparen oder den Kauf dieses billigen T-Shirts als Bescheidenheit versteht. Liegt man aber richtig, wenn man das Meinungsklima, vertieft durch Diskurse, die die Grenzen des Wachstums aufzeigen, die Überflussgesellschaft kritisieren und massive Einschränkungen des Konsums fordern, als Aufstand einer neuen Bescheidenheit identifiziert? Bescheidenheit ist im politischen Sinne kein propagierbarer Lebensstil mit einem Einkaufsratgeber zum schlauen ethischen Konsum. Ihr Kontext ist, nicht anders als die verwunderten Athener zum ersten Mal in den Anfängen demokratischer Politik erlebten, die historische

Bewegung, die gerade denen Würde und Willen zuerkennt, die sie zuvor nicht haben durften.

Der Verzicht, der auf der Machteinschränkung der Mächtigen baut und die vordem Ausgeschlossenen an den Tisch holt, war auch in Athen nicht das letzte Wort. Er beendete die Kontroversen um Reichtum und Armut, um Macht und Machtlosigkeit nicht, sondern intensivierte sie in einer Öffentlichkeit, die selber bald gemäß der Logik der streitenden Parteien aufgespalten war. Das unparteiische Gesetz, kommentierte Aristoteles, sollte es richten, da die Freundschaft als politische Leitvorstellung nicht mehr in der Lage war, die Polis als den Ort des tugendgestützten guten Lebens zu etablieren.

Die Knappheitsdiskurse unserer Zeit kreisen um handelbare Güter. Wo sie nicht monetarisierbar erscheinen, werden ihnen fiktive Geldmengen politisch zugewiesen. Verschmutzungsrechte sind international handelbar, flankiert von Diskursen einer globalen distributiven Gerechtigkeit. Dies hätte dem armen Aristoteles eine abgrundtiefe Angst eingejagt. Seine Kommentare lassen die Geldwirtschaft als Synonym des Ausgeliefertseins erkennen, in dem der Mensch bald nicht mehr weiß, was er will und wie ihm geschieht. Für unsere globalisierte Politik bleibt die Logik des *homo oeconomicus* verpflichtend. Knappheitsfelder wie Wasser, Luft, Bodenschätze oder Energieträger sind finanziell zu bewerten, um rechenbare Anhaltspunkte für eine gerechte Verteilung zu gewinnen oder Marktmechanismen als Anreiz zu nutzen, ökologischere oder gerechtete Substitute zu entwickeln. Das Gegenteil schlägt der Friedensforschers Johan Galtung vor: „Das Kapital hat nicht an sich eine normdurchsetzende Funktion; es wird, gerade indem es *nicht* eingesetzt wird, zu Durchsetzungszwecken verwendet.“ (J. Galtung, Menschenrechte – anders gesehen, 219; dagegen: Felix Eckart, Wird die Demokratie ungerecht) In diesem Sinne lassen sich Forderungen nach Schuldenerlass für die von Zahlungsunfähigkeit bedrohten Entwicklungsländer als ethisch und pragmatisch gebotene Einschränkung der Logik von Zahlungen verstehen.

Bescheidenheit, die über das simple Ergebnis ökonomischer Rechnungen nicht hinausgeht, könnte vielleicht durch kluge Grundsätze für gerechtere Mittelverteilungen bestimmbar sein. Trägt sie ihren Namen dann aber zu Recht, oder sollte man nicht besser von einer Selbsteinschränkung aus Gründen der Gerechtigkeit, der Solidarität und der Einsicht in die Begrenztheit des zu Verteilenden sprechen? Ginge es tatsächlich um Bescheidenheit, so hätte sie wenig Sinn für die konkrete Situation der leidenden und hungernden Teile der Weltbevölkerung. Man kennt sie in all diesen Zahlenspielen nicht und ist keinesfalls von der Versuchung befreit, die eigene moralische oder ökologische Orientierung am Ende nicht doch aggressiv gegen die Betroffenen zu wenden. Die Menschen in der Sahel-Zone, die jährlich mehr zur Wüste wird, verbrennen die letzten Bäume und Sträucher, die sich dem Wachstum der Sahara entgegenstemmen. Wie unklug von ihnen, kochen zu müssen!

Man weiß es besser und muss nichts tun, weil man die eigene Situation als eine überwachte voraussetzt: Wir haben Experten, Richtgrößen und Kontrollbürokratien, die den Konsumenten im Zweifelsfall schützen, sich als Öko- oder Globalkonsument zu viel vom Kuchen herauszuschneiden. Wer sich auf der sicheren Seite wähnt, wird die Tiefe notwendiger Einschränkungen systematisch unterbewerten. Jeder weiß, dass die Massentierhaltung das Grundwasser belastet; Gift- und Nährstoffe gelangen in die Küstengewässer und gefährden deren ökologische Stabilität. Für den Fleischkonsum werden Regenwälder abgeholzt und gigantische Methan- und CO_2-Mengen produziert. Die Kalorien der in der Tiermast eingesetzten Futterstoffe könnten, wo als deren Produkt nur ein Steak auf dem Teller liegt, Dutzende von Menschen satt machen. Das pharmakologische Klima der Welt wird durch zugesetzte Wachstumshormone und Antibiotika fatal belastet. Düngestoffe wie Phosphor gehören zu den immer knapper werdenden Gütern. Preisspiralen und Verteilungskämpfe sind zu erwarten und damit auch mehr Hunger in der Welt.

Es liegt außerhalb der Einflusssphäre der Politik, Menschen zu Vegetariern zu machen; solches wäre auch einer moralphilosophischen Debatte nicht zuzutrauen. Nehmen wir, was ja nicht zwingend vorauszusetzen ist, den Verzicht auf Fleisch in diesem Kontext als Probe der Bescheidenheit an, dann stellen sich einige Fragen. Die unscheinbarste wäre vielleicht: Schmeckt es denn, auch wenn es nicht dem biographisch erworbenen Geschmack entspricht, an denen eifrige Mütter und Generationen vor ihnen mitgekocht haben? Bist du noch ein Mann, wenn du kein Jägerschnitzel isst? „Das Beefsteak gehört zur selben Blutmythologie wie der Wein", klärte Roland Barthes seine Leser schon vor über 50 Jahren auf. „Es ist das Herz des Fleisches, das Fleisch im Reinzustand, und wer es zu sich nimmt, assimiliert die Kräfte des Rindes. [...] Wie der Wein ist das Beefsteak in Frankreich ein Grundelement und mehr noch nationalisiert als sozialisiert." (Barthes, Mythen des Alltags, 36 f.) Familienbanden werden vom Inhalt der Schüsseln auf dem Tisch zusammengehalten, die in der Weihnachtszeit zu wahren Orgien der bürgerlich sakralisierten Gerichten mit hohem Symbolisierungswert rufen. „Die Blutwurst macht das Weihnachtsmahl", wusste Flaubert über seine französische Gesellschaft zu berichten. (Flaubert, Wörterbuch der Gemeinplätze, 164)

Man kann auf all das verzichten, zum Freund globalisierter Kochkunst werden oder die Weihnachtsgans heimlich dem Hund unter dem Tisch zustecken, ohne bescheiden zu sein. Bescheidenheit würde eine eigene Qualität einbringen, die sich weder aus dem Verzicht noch aus der Veränderung des Geschmacks erklären ließe. Sigmund Freud, ein wachsamer Beobachter der Aggressivität und Destruktion, die mit dem Kauen und der Einverleibung verbunden sind, war davon überzeugt, dass es in der Frühzeit der Kulturentwicklung „keine Stammeszusammenkunft ohne Tieropfer" gab – aber „auch kein Schlachten eines Tieres außer für solche feierliche Gelegenheit." (Freud, Totem und Tabu, G.W. IX, 164) Diesem tradierten sozialen Zwang und seinen Nachfolgeordnungen, die kein Beiseitestehen vorsehen, entkommt man nicht so leicht.

Einer dieser Entkommenen war Leonardo da Vinci. Freud charakterisiert ihn eingehend: „Zu einer Zeit, da jedes Individuum den breitesten Raum für seine Betätigung zu gewinnen suchte, was nicht ohne Entfaltung energischer Aggressionen gegen andere abgehen kann, fiel er durch ruhige Friedfertigkeit, durch Vermeidung aller Gegnerschaften und Streitigkeiten auf. Er war mild und gütig gegen alle, lehnte angeblich die Fleischnahrung ab, weil er es nicht für gerechtfertigt hielt, Tieren das Leben zu rauben, und machte sich einen besonderen Genuss daraus, Vögeln, die er auf dem Markte kaufte, die Freiheit zu schenken. Er verurteilte Krieg und Blutvergießen und hieß den Menschen nicht so sehr den König der Tierwelt als vielmehr die ärgste der wilden Bestien." (Freud, Eine Kindheitserinnerung des Leonardo da Vinci, 135) Freuds Passage bündelt geradezu ambitionierte Stichworte eines politisch relevanten Verständnisses der Bescheidenheit.

Im Vergleich zu den friedlichen und gefangenen Vögeln schneiden die angeblich freien Menschen bei Leonardo schlecht ab. Leonardo fühlt sich in der Natur wohler als in ihrer Gegenwart. Er setzt gesellschaftliche Alltagsnormen außer Kraft, was ihm durch die empfundene Freude über die geretteten Vögel leicht gemacht wird. Es geht nicht um den Verzicht, kein Fleisch anzurühren, sondern um die Weigerung, sich in einer Welt der letalen Aggression zu beheimaten. Menschen, Tiere und eigene Orientierungen „kommunizieren" in dieser Bescheidenheit miteinander. Sie ist das Zeichen einer Öffnung und keinesfalls einer nach Art der Askese verständlichen Abschottung. Diese Öffnung ist auf das Erlebnis einer allgemeinen Sympathie bezogen, das wiederum den Blick für die herrschende Gewalttätigkeit der Gesellschaft schärft. Leonardos Außenseiterposition ist eine frei gewählte und lebendig im Sinne einer empathischen Sensibilität. Zeitgenossen und spätere Biographen haben seine vielfältigen Verweigerungen als Indifferenz beschrieben; auch Freud transportiert dieses Urteil. Eine nicht offen vorgebrachte Kritik an diesem Außenseiter, den kalt ließ, was andere erhitzt, dürfte sich darin äußern.

Ohne Gleichheit gibt es keine Politik, lehrte Aristoteles, und die Freundschaft ist der von ihrer freigesetzten Dynamik gefährdete Leitstern. Leonardos Friedfertigkeit – er hat sie zu seiner Schande oft genug als Rüstungsingenieur mit Füßen getreten – sprengt den von Aristoteles in der Politik gesetzten Rahmen, indem er sie als Freundschaft auch den Tieren gegenüber äußerte, ja als allgemeines Verhalten der Welt gegenüber begriff. Die Fabeln und das *Bestiarium* aus seiner Feder stellen nichts weniger dar als eine im Verhalten konkreter Tiere anschaulich gewordene Moralphilosophie. Die offenkundigen biologischen Fehlurteile machen die Intention ihres Autors nur noch deutlicher: „Freigebigkeit. Vom Adler sagt man, er habe nie so großen Hunger, dass er nicht einen Teil seiner Beute jenen Vögeln übriglasse, die um ihn sind; da diese sich nicht selbst ernähren können, ist es notwendig, dass sie den Adler begleiten, denn so finden sie Nahrung." (Leonardo da Vinci, Der Nussbaum im Campanile, 21) Fast als wäre der Esel ein Vorläufer von Kafkas Hungerkünstler, schreibt Leonardo: „Wenn der wilde Esel zur Quelle geht, um zu trinken, und das Wasser getrübt findet, wird er niemals so großen Durst haben, dass er des Trinkens sich nicht enthielte und wartete, bis das Wasser klar wird." (Leonardo, a.a.O., 26)

Bescheidenheit ließ Leonardo hässliche, alte und verkrüppelte Menschen in einer Zeit skizzieren, die die Lehren des Ebenmaßes und die Verpflichtung zur repräsentativen Portraitkunst als Selbstverständlichkeit einforderte. In Leonardos Welt lebten auch die Ausgeschlossenen; er, der die Malerei als Philosophie bezeichnete und, wie Vasari berichtet, „praktisch nichts besaß" (Vasari, Lebensläufe der berühmten Maler, Bildhauer und Architekten, 313), hat ihnen erstaunliche Denkmäler gesetzt. Seine Rede von den *ragioni* der Natur platzierte buchstäblich alles, was erfahrbar war, in den Hof der Wahrheit und forderte in aller spekulativen Arbeit die stete Bescheidenheit, hinzusehen: *Facil cosa é farsi universale!* (Leonardo, zit.n.: Paul Valéry, Leonardo, 21; Es ist leicht, sich universal zu machen.)

Bescheidenheit mag nur *ein* unzureichendes Wort für die Charakterisierung dieses vielfältigen Geflechts sein – doch es ist gerade dieses Wort, das der Existenz der anderen wie auch der Welt in Sympathie zugewendet ist. In Verbindung mit Leonardos Mut, Normen seiner Zeit zu missachten, erscheint sie uns durch und durch politisch. Wir könnten diese Bescheidenheit leicht in die Formen des aktuellen Protests gegen die rücksichtslose globale Ausnutzung von Menschen und gegen die Ausplünderung der natürlichen Ressourcen übersetzen. Natürlich wäre das eine unhistorische Augenwischerei. Leonardos Welt ist die unsere und unterscheidet sich doch gravierend von ihr.

Könnten wir wie Leonardo den ganzen Kosmos als ein Lebewesen ansehen, das dem harmonischen Maß folgt, das der Mensch in seinem eigenen Leben entdecken und produktiv umsetzen kann? Wir sind heute gezwungen, die menschliche Geschichte in den Kontext fataler Umweltzerstörung zu stellen und sie damit umzuwerten. Das lange Zeit als selbstverständlich angelegte Maß des Menschen bedeutet den Tod der Natur. Die Auswirkungen globalisierter Ungerechtigkeit können wir nicht mehr in Portraits von Alten oder Kranken, denen wir auf der Straße begegnen, verdichten. Die Destruktivität ist für uns unanschaulicher geworden und oft nur an Zahlen ablesbar; ihnen geht der Appell des Unmittelbaren ab, den ein betroffener Augenzeuge erleben könnte.

Dennoch macht uns Leonardos Bescheidenheit auf eine Qualität aufmerksam, die sich nicht in politischen, ökologischen oder sozialen Gegenstrategien erschöpft. Sie scheint so selbstverständlich mit seinem Leben verbunden zu sein, dass man sie weder als praktische Umsetzung eines Ideenkonstruktes noch als einen Versuch, neue Werte einzuführen, verstehen kann. Leonardo wäre die Vorstellung, sie auf die Alltagspraxis anonymer Kollektive zu münzen und für ihre Übernahme zu werben, absurd vorgekommen.

Bescheidenheit ist, so unumgänglich eine substanzielle Einschränkung des Konsums und der Ressourcenverbräuche auch ist, kein Phänomen einer politischen Masse. Erklärt man sie dazu, dann initiiert man nach den Erfahrungen der letzten Jahrzehnte kurzzyklische Bewegungen, wenn nicht gar Moden. Man backt im stillen Protest sein Brot selber und holt die Eier vom Bauern. Das geht einige Monate gut und wird dann eine Episode sein. Konsumkritische Verbraucherinitiativen und der Boykott von Produkten und Unternehmen haben eine lange Geschichte, für die der schnelle Wechsel und eine gewisse Vergesslichkeit charakteristisch sind. Es ist beklagenswert, im imaginären Museum des fast schon Vergessenen so wichtige Bewegungen zu finden wie „Kein Kriegsspielzeug im Kinderzimmer", den „Stromteilzahlungsboykott", mit dem sich Atomkraftgegner von Jahren weigerten, für Atomstrom zu zahlen, bis zu den Initiativen „Ohne Rüstung leben". Die politische Protestkultur ist massenmedial vorverdaut und unterliegt den Gesetzen der Absetzbarkeit.

Die Bescheidenheit eines Leonardo hat die Zeit und die Dauer, die uns ausgegangen sind. Sie ist nicht auf Beifall oder Zustimmung aus. Sie ist möglich, auch wenn die Gesellschaft ihre Unmöglichkeit tagtäglich demonstrieren will. In einer solchen Weise Außenseiter zu sein sprengt die antagonistischen Logiken auf, die der Politik eingeschrieben sind. Sie macht deren fundamentale Aggressivität deutlich und kündigt die Bereitschaft, sich allein auf dieses Spiel der soufflierten Reden zu beschränken. Bescheidenheit fordert mehr ein, als Politik zu ihrer Sache machen könnte.

Der gestischen Sprache der Bescheidenheit hat Charlie Chaplin 1936 in seinem Stummfilm *Modern Times* ein meisterhaftes Denkmal gesetzt. Der Tramp zeigt, was tausend Analysen nicht auf den Punkt bringen werden. Er gerät in die Fänge der sinnlos rotierenden Produktionsmaschinerien, der Polizei, der Streiks und der verzweifelten Suche nach Arbeit und Brot. Er hat das Pech, das Millionen haben. Diese werden darin mehr als nur das Kreisen eines Unglücksraben erkennen. Jeder versteht es und begreift die zerstörende Gewalt moderner Gesellschaften – bis auf den heutigen Tag. Nie ist der Tramp sicher, nirgendwo zuhause. Seine einzige Konstante ist er selber, Muster der Freundlichkeit und Bescheidenheit im Zeitalter ihrer Verfolgung. Er verlässt seinen Weg nicht und geht immer weiter, vom Glück beschenkt mit der Liebe eines Menschen, der mit ihm geht. Wohin er will? Vladimir Jankélévitch hat ein passendes Schlusswort gefunden: „Es ist der Gang jemandes, der nirgendwohin geht und der auf jeden Fall weitergeht [...]. Das Abenteuer, das uns der Film erzählt hat, schließt nicht in einer Apotheose des Ideals und einer universellen Harmonie, es lässt uns am Rande des Weges stehen, es lässt uns, nach der schönen Formel von Rilke, *irgendwo im Unvollendeten.*“ (Jankélévitch, Berlowitz, Irgendwo im Unvollendeten, 154)

14. Bescheidenheit der Ethik: Eine unmögliche Geschichte?

Stell Dir vor, es gibt Normen, und keiner hält sich daran: das Dauerthema praktischer Ethik verschiebt sich immer stärker von der Begründung moralischen Tuns auf die Erosion ihrer faktischen Bedeutung für das Handeln von Einzelnen, Organisationen oder Staaten. Eine wachsende Zahl von Ethikkommissionen und vielerorts entstandenen ethischen Funktionsabteilungen arbeitet punktgenau im Tätigkeitsfeld von Organisationen. Ethische Verhaltensrichtlinien und Beratungsangebote riechen nicht mehr exotisch und verschwenden nichts mehr ins gut gemeinte Allgemeine. Sie vertreten definierte und in Kodizes nachzulesende Anliegen. Scheinbar haben sie sich gründlich von einer schwerwiegenden ethischen Krankheit namens Appellitis kuriert. Die ist zwar immer recht harmlos verlaufen, hat aber doch aus der vorgeblichen Souveränität der Ethik eine endlose Kette leichter Fieberepisoden gemacht. Verursacht wurde die Appellitis von der Kompensation der bescheidenen Einflussmöglichkeiten durch große Worte und die Hoffnung, die Empfänger der Botschaft würden es schon richten. Niklas Luhmann warf das etwa einer faktisch macht- und funktionslosen Wirtschaftsethik vor und verglich ihre Geheimnisse mit dem Geschmackszauber der englischen Küche. Dem Besucher vom Kontinent werden sie ein ewiges Rätsel bleiben. (Luhmann, Wirtschaftsethik – als Ethik?, 134)

Etablierte Funktionsstrukturen der Ethik zurren mittlerweile fest, was der ethischen Sensibilität und Reflexion der Betroffenen im Einzelfall nicht mehr überantwortbar scheint. Philosophisch schlingern sie in ihrem Spagat – mit einem Bein auf dem Sand der Politik, mit dem anderen auf den schwankenden Planken der Juristerei – beträchtlich. Man hätte das Gute gern aus einer Hand, und so sehen es viele mit Milde, dass längst nicht allein in den Vereinigten Staaten Organisationsformen der Ethik bereits seit Jahren die Errungenschaften klassischer Demokratien rückgängig machen. Diese trennen seit Montesquieu mühsam Legislative, Exekutive und Jurisdiktion, während *ethic-officers* und *ethic comitees* gebündelte Kompetenzen in ihrer Hand vereinen. Sie überwachen das Verhalten von Mitarbeitern, sie vermahnen und setzen im Konfliktfall Kündigungen durch. Sie sind die gerufenen Spezialisten, die die Etablierung entsprechender Leitlinien und Selbstverpflichtungen maßgeblich prägen. Klinische *ethic comitees* stellen mit ihren Voten, etwa für den Abbruch einer kostenintensiven Behandlung, sicher, dass Gerichte die Entscheidungen später nicht beanstanden werden. Man staunt, dass die alte Dauerwunde der Ethik, nämlich keine Kompetenzen zur faktischen Durchsetzung der Befolgung von Normen zu besitzen, so schnell verheilt, und wundert sich zu wenig über den ungesunden Schorf. Das Label funktioniert einfach bestens: Wo Ethik draufsteht, muss etwas Gutes drin sein.

Die Zeit, in der Ethik Anspruchsvolles bescheiden vortragen musste, scheint passé zu sein. Ihre über Jahrhunderte betriebenen argumentativen Prüfungen und Konstruktionen werden heute vom Berufsstolz der universitär Qualifizierten überboten. Sie bringen die ethische Kompetenz in den Bereichen Kommunikation, Bewertung und Entscheidungsfindung im Köfferchen mit und lenken die Teilnehmer ihrer Teams und Kurse geschickt an. Trotz ihrer berufsqualifizierenden Hochschulabschlüsse wird dem einen oder anderen Referenten auf Tagungen oder Symposien ans Herz gelegt, diese neue Elite nicht zu überfordern. Man rede in der Sprache dieses Volkes und meide die komplizierten Begriffe, deren Diskussion noch vor kurzem unverzichtbar erschien.

„Bescheidenheit" ist gefragt, weil das ethische Verkomplizieren unfruchtbar sei und die Praxis nach ethischer Klarheit und sauberer Methodik dürste. Als Lieferanten von Versatzstücken funktionieren Ethiken recht gut; zudem sichern sie den Namen ihrer „Erfinder" eine ungeteilte Hochschätzung. Verantwortung heißt heute Jonas, die nicht theorieverdorbene Öffnung dem Anderen gegenüber nennen wir Lévinas. Portraits dieser Philosophen und *Abstracts* ihrer

Werke sind bekannter als die Werke selber. Deren sorgfältige und kritische Lektüre wäre für die neue Klasse ethischer Arbeiter eine nicht geringe Zumutung.

Diese Zurückhaltung bietet durchaus ihre Chancen, die unter dem Blickwinkel der Bescheidenheit ein positives Gesicht annehmen können. Sie sucht den Weg von den Normen, deren Bedeutung im Einzelfall unsicher und problematisch erscheinen kann, zu den konkreten Fällen und Situationen, etwa im Bereich der medizinischen Praxis. Ethische Fallarbeit konfrontiert mit widersprüchlichen Orientierungen und Entscheidungen sowohl der Patienten, ihrer Angehörigen als auch der Akteure aus verschiedenen Berufsgruppen. Sie setzt einen diskursiven Such- und Verständigungsprozess in Gang, in dessen Verlauf keine Position sicher sein sollte, das letzte Wort zu behalten. Methodische Ansätze wie moderierte Gesprächsformen, Supervisionen oder die Arbeit interdisziplinärer Gruppen sind durchaus hilfreich. Sie zielen darauf ab, implizite ethische Orientierungen kommunizierbar und ihre Grenzen im Lichte einer gemeinsam zu entdeckenden Mitverantwortung harmonisierbar zu machen. Die Achtung vor der unhintergehbaren Individualität und dem Schicksal eines einmaligen Menschen, der nicht in einer Patientenrolle aufgeht, ist ihre Grundlage.

Die Fallarbeit gilt nicht nur dem „Fall“ eines Patienten. Sie bringt die ärztliche, therapeutische oder pflegerische Erfahrung und Anklänge an ihre biographischen Tiefendimensionen dialogisch ein. Sie stellt ein Kontinuum gedanklicher Bearbeitung und ethischer Bewertung her, das Lernprozesse motiviert und trägt. Eine ethisch relevante Kasuistik bietet die Chance, moralische Werte und konkrete Orientierungen im alltagspraktischen Kontext wahrzunehmen und gemeinsam zu verstehen. Dieses Verstehen kann Gleichklänge zwischen Ethik und Praxis, aber auch Dissonanzen und Konflikte zu Tage fördern. Fragen nach Wertorientierungen, die Handlungen und Wahrnehmungen der Betreffenden fundieren, sind notwendig Bestandteile der Kommunikation. Sie bezieht implizite Ethiken und ungeschriebene Spielregeln in den Prozess der wechselseitigen Aufklärung ein. Deshalb muss sie als ein ebenso kognitives wie emotionales Projekt verstanden werden. Ihre ethische Dimension ist untrennbar mit der persönlichen Resonanz und Achtsamkeit für den anderen verbunden. Unterschiedliche Positionen einer Behandlungsgruppe verlangen wechselseitigen Respekt, auch wenn sie nicht ineinander übersetzbar sind.

Ein solches Verständnis medizinischer Ethik ist untrennbar mit der Priorität konkreter und dialogischer Begegnungssituationen verknüpft und steht nicht unter dem Primat einer ethischen Theoriebildung. Sie nutzt und gestaltet die kommunikative Gleichberechtigung von Ethik und Praxis, bleibt aber darauf angewiesen, dass ihre umfassende und kritisch erarbeitete Kasuistik die Besonderheit einer einzigartigen Behandlungssituation zur Sprache bringt. Sie öffnet den Blick für eine medizinische Ethik unterhalb der Ebene formalisierter Normen und Prinzipien.

Ethische Perspektiven können in ungeschützten Begegnungen entstehen und situativ begründet sein. Sie legen Verantwortungen im Sinne des Wortes nahe und leiten sie nicht aus Pflichten ab. Stimmungen, Motive und symbolische Kommunikationen prägen gemeinsame und verkörperte Wirklichkeiten. Eine in dieser Form in die Medizin integrierte Ethik zielt deshalb nicht auf eine situationsüberlegene Moral auf hohem begrifflichem Niveau ab. Sie versteht sich als eine dialogische Antwort auf das Leiden und die Verletzbarkeit des anderen, die zugleich die Situation des Antwortenden einbringt. Der Aufbau einer gemeinsamen Wirklichkeit mit Patienten, Angehörigen und Kollegen bildet den Ausgangspunkt, moralische Orientierungen überhaupt sinnvoll diskutieren zu können. Der Verantwortungsbegriff dieser ethischen Praxis beschränkt sich nicht auf Akteure mit organisational zugeschriebener Verantwortungsfunktion. Sie integriert alle, die in die gemeinsame Realität mit dem Patienten einbegriffen sind und Verantwortung durch Ansprechbarkeit übernehmen. Der Begriff der Mitverantwortung ist ihr zentral.

Im Vergleich zu den Ethiken, die sich in Hochglanzbroschüren werblich nutzen lassen, fällt eine dialogische Fallethik durch ein hohes Maß an Bescheidenheit auf. Sie baut auf das Einverständnis, mit dem der Chefarzt auf das autoritative letzte Wort verzichtet oder der Spezialist seine Sichtweise nicht mehr als alternativlos verkaufen kann. Sie meidet die neue Verbindlichkeit methodischer oder inhaltlicher Checklisten und wird sich nicht auf die Professionalisierung berufen, die sich heute mehr in der subtilen Lenkung von Konsensprozessen äußert als in der einsamen Durchsetzung einer Entscheidung, die von einem einzigen Beteiligten als ethisch richtig deklariert wurde.

15. Bescheidenheit: eine Selbstverkleinerung vor dem Verbot?

Der Bescheidene verzichtet ja gern und freiwillig, während Andersgesinnten Verbote vor die Nase und ein kontrollierender Blick in den Rücken gesetzt werden. Der verheißt im Falle von Übertretungen der Verbote nichts Gutes und ist Teil einer enorm aufwändigen Struktur: Etwas zu verbieten bedeutet, den zu beobachten, der die gesetzten Demarkationslinien überschreiten könnte, während dieser seinerseits den Beobachter beobachtet und die Chance der kleinsten Unaufmerksamkeit abpasst. Kinder sind Profis in diesem eigentlich sehr komplexen Spiel; die Anzahl der heimlich an Land gezogenen Schokoriegel und anderer Dinge beweist es, dass sie sowohl das Verbot als auch dessen Überwachung routiniert zu umgehen lernen.

„Bescheidenheit" macht hingegen keine Arbeit. Der betreffende Mensch verniedlicht sich von selber, während die Etablierung und Kontrolle von Ge- und Verboten noch jede Institution zwischen Kirche und Schule mit den Grenzen ihrer Macht konfrontiert. Man könnte geneigt sein, die Bescheidenheit als glimpflich verlaufende Sonderform bei den Verboten unterzustellen. Hier geht dann ausnahmsweise alles gut, weil der ansonsten so störrische Wille nur in den Bahnen des Erlaubten müde vor sich hinplätschert. Der Bescheidene will einfach nicht viel und braucht keine Sanktionen; er putzt sich nicht auf Kosten anderer raus, ist äußerst konkurrenzflüchtig und darf daher ruhig ein bisschen sonderbar daherkommen.

„Zurückhaltung ist ein sicherer Beweis für Klugheit", meinte Baltasar Gracián, „Der Weise erspart sich Verdrießlichkeiten und Verwicklungen und zeigt seine Herrschaft über sich." (Baltasar Gracián, Hand-Orakel und Kunst der Weltklugheit, § 222; S. 178.) Man könnte sich trefflich darüber streiten, ob dieser „Weise", wenn es nötig wäre, registriert, wie brav sich seine Zurückhaltung unter das Gesetz der anderen duckt. Trotz der philosophischen Salbe riecht sie nach Anpassung. Die lammfrommen Zeitgenossen sind bei den

Wölfen sehr beliebt, auch wenn diese, weil sie allen anderen ihre Wolfsnatur unterstellen, ihnen immer etwas reserviert gegenüberstehen werden.

Gehört Bescheidenheit überhaupt in den Kreis der Verbote und ihrer freiwilligen Befolgung? Dann wären wir ihr Problem womöglich schnell los, könnten sie als schlichten Akt des vorauseilenden Gehorsams deklarieren und die allzu Bescheidenen an kundige Psychotherapeuten weiterempfehlen. Für die anderen gilt nach wie vor: Der Mensch will etwas, die Eltern, die Schule, der Betrieb oder die Gesellschaft wollen es nicht. Es hagelt Verbote, die ihm nicht schmecken werden. Sie werden durch Sanktionen aller Couleur durchgesetzt oder mit dem sanften Druck der Überredung noch freundlich eingenebelt. Ab- und Umlenkungen überfordern aber nicht die Orientierungskünste eines jeden Willens. Reicht all das nicht aus, ihn Schachmatt zu setzen, machen Strafen und deren Androhung handgreiflich plausibel, dass der Spaß ein Ende hat. Die Gewalt etabliert ihre Drohkulissen.

Die Front zwischen dem strangulierenden Verbot und der Lust, die es übertreten will und muss, verschiebt sich in der Entwicklung des Menschen von der Außen- in die Innenpolitik. Das sieht nach einer Deeskalation aus, ist aber beileibe keine. Internalisierte Verbote eröffnen den permanenten Bürgerkrieg, von dem die klassische Psychoanalyse lebt und von dem die Bewunderer des Guten, Wahren und Schönen bis heute nicht allzu viel hören wollen. Mit höchster diplomatischer List paktieren das Freud'sche Es und Über-Ich; nur das arme Ich, das sich auf sein Bewusstsein und seine Realitätsgewandtheit so viel einbildet, findet nie die rettende Allianz. Die Moral ist in diesen verschwiegenen Tiefen alles andere als einfach. Freud entdeckte das Gewissen als Resonanz der strafenden Stimme des Vaters, während dem außenstehenden Beobachter doch alles so schön ruhig und bürgerlich geordnet erscheint. Neuere Moralpsychologien, nennen wir nur Piaget und Kohlberg als Beispiel, haben Freuds düsteres Bild erheblich aufgehellt und die Genese der moralischen Person mit der Entstehung und Festigung der Identität im sozialen Kontext in Verbindung gebracht.

Dennoch bleibt ein Verbot ein Verbot und die Überzeugung, dass dessen freiwillige Befolgung zu den friedlichen und unproblematischen Grundorientierungen der Person gehört, muss für immer fragwürdig bleiben. Moral bietet keine Glücksgarantien als Ersatz für die vom Verbot weggesperrte Lust. Nicht einmal ein Immanuel Kant brachte einen solchen Idealismus auf, dem Glücksversprechen der Moral auch nur einen Millimeter zu trauen; nur der dünne Vorschein einer moralisch zu erreichenden „Würdigkeit zur Glückseligkeit“ winke als, freilich unsicherer, Lohn. Charakteristischerweise vermied Kant das Wort „Verbot“ – eine bedeutende Ausnahme stellt die Schrift *Zum ewigen Frieden* im Präliminarartikel 6 dar. Er will den Staaten im Kriege die Gräueltaten und Hinterhältigkeiten verbieten, die einen späteren Friedensschluss unmöglich machen. (Kant, Zum ewigen Frieden, BA 13 f, S. 200 f.) Die zweite Ausnahme findet sich im sogenannten vorkritischen Werk Kants; sie wartet gleich mit einer handfesten Definition auf: „Verbote sind negative Gebote, Strafen negative Belohnungen [...].“ (Kant, Versuch, den Begriff der negativen Größen in die Weltweisheit einzuführen, A 30, S. 797)

Kants Bestimmung konstruiert eine bedeutsame inhaltliche Symmetrie von Ge-und Verboten. Er unterstellt beiden ein passgenaues Spiegelungsverhältnis. In seiner Moralphilosophie reserviert Kant den Begriff des Gebots für die Gesetze der Sittlichkeit, die unbedingt gelten, im Unterschied zu den Regeln der Geschicklichkeit oder den Ratschlägen der Klugheit, und spricht insgesamt von Imperativen. (Kant, Grundlegung zur Metaphysik der Sitten BA 43, 45 f.) Der naive Leser wird sich mit einem gewissen Recht fragen, ob dies etwa bedeuten könne, dass die Gebote das Gute, das sie realisieren wollen, irgendwie „kennen“, vielleicht wie der Fisch das Wasser, – während die Verbote sich ihrerseits in der Welt des Bösen, der sie einen Riegel vorschieben wollen, ganz gut zu orientieren wissen. Wer sich ein Laster überhaupt nicht vorstellen kann, wird vor ihm auch nicht warnen. Verbote werden in der Regel dort ausgesprochen, wo tatsächlich das entsprechende Verhalten zu erwarten ist. Am Rande einer Schotterpiste, die zur Kriechfahrt nötigt, wäre eine Tempobegrenzung auf 130 Stundenkilometer ein netter surrealistischer Witz.

Man könnte von einer unterschwelligen Kommunikation von Verbot und Verbotenem sprechen und mit Spinoza annehmen, „ein Affekt kann nur gehemmt oder aufgehoben werden durch einen Affekt, der entgegengesetzt und der stärker ist als der zu hemmende Affekt." (Spinoza, Die Ethik nach geometrischer Methode dargestellt, IV, Lehrsatz 7; S. 196) In dieser Mechanik von Kraft und Gegenkraft ist das Schüren von Angst, eine der Lieblingsstrategien der strafbewehrten Machtausübung, für Spinoza der denkbar unsinnigste Weg. Sie beeinflusst den Menschen derart, „dass er das, was er eigentlich will, nicht will, oder das, was er eigentlich nicht will, will [...]." Aus Angst tauscht er nur ein größeres gegen ein kleineres Übel aus. (Spinoza, a.a.O., 145)

Die Verbote bringen somit das, was sie aus der Welt schaffen wollen, erst recht ins Spiel; ähnlich wie in Kants Werk finden wir auch bei Spinoza keinen ausgearbeiteten Begriff des Verbots. Selbst Nietzsche nutzt das Wort nur äußerst reserviert und natürlich mit einer gehörigen Portion Schadenfreude: „Ein Verbot, dessen Gründe wir nicht verstehen oder zugeben, ist nicht nur für den Trotzkopf, sondern auch für den Erkenntnisdurstigen fast ein Geheiß: man lässt es auf den Versuch ankommen, um zu erfahren, w e s h a l b das Verbot gegeben ist." (Nietzsche, Menschliches, Allzumenschliches II, § 48) Man darf aus all dem glücklicherweise schließen, dass die landläufige Unterstellung, Bescheidenheit unter einen Begriff des Verbots zu stellen – sei es auch ein selbst auferlegtes – durch die Traditionen der Moralphilosophie mangels Masse keinesfalls gedeckt ist.

Damit stehen wir wieder am Anfang und müssen uns fragen, ob der Verdacht, der die Bescheidenheit als merkwürdige Form der Selbsteinschränkung, wenn nicht der Selbstkasteiung auffasst, zu

Recht besteht. Platon versteht sie anders; für ihn ist Selbsterkenntnis geradezu mit der Besonnenheit konform, die eigene Mängel und Vorzüge erkennt. (Platon, Alkibiades der Erste 131 B ff, S. 208) „[...] das ‚Erkenne dich selbst' und das ‚Sei besonnen' besagen im Grunde ganz dasselbe [...]." (Platon, Charmides 164 D, S. 38) Man mag es kaum glauben angesichts der gut gefüllten Galerie aktueller Gegenbeispiele. Schon nach zwei Besuchen der Psychogruppe mit ihrem charismatischen Obererleuchter haben sich die vormals Verirrten in die Einfachheit ergeben, die ihnen die edlen Genüsse erschließt. Weg mit dem Plunder! Das üben pilgernde Touristen auf dem Weg nach Santiago di Compostela ein, als ginge es darum, dem materiellen Wohlstandsspeck mit Wanderdiät und Mönchspastillen auf die Pelle zu rücken. Wie mag sich ein Autor fühlen, der eines der bestsellernden philosophischen Lebenskunstkompendien verfasst hat? Er wird, trotz allem, viel dafür gelesen haben und manchen Simplizismus mit Bauchschmerzen büßen; seine begeisterten Leser müssen es nicht mehr. Sie meinen, die Bescheidenheit gefunden zu haben, die der Erwerb des einen und richtigen und wahren und gerade rechtzeitig für sie geschriebenen Buches zu vermitteln versteht.

Nein, so geht es nicht. Die Leugnung der Konflikte, in die Bescheidenheit unweigerlich verstrickt ist, ist der Markenkern der Sekten und ihrer massenmedial vermittelten säkularen Pendants. Nicht dafür lässt sich Platons Verknüpfung von Selbsterkenntnis und Besonnenheit, die er als Mäßigung nahe an die Bescheidenheit heranrückt und als Tugend gar der Gerechtigkeit gleichstellt, ins Feld führen. Näher steht sie dem Lichtenberg'schen Sudelsatz: „Aufklärung in allen Ständen besteht eigentlich im *richtigen Begreifen von unseren wesentlichen Bedürfnissen.*" (Lichtenberg, Sudelbücher. Heft J 231, S. 434) Wird man diese Bedürfnisse begreifen, wenn man in einem bedeutungsschwangeren Moment beschließt, per Selbstdekret in die Einfachheit zu emigrieren, in der alle plötzlich nicht mehr opportunen Bedürfnisse zu lustigen Monstern werden, deren Treiben man mit postmoderner Ironie zusieht?

So vermehrt man die Unwissenheit nur; das Gegenteil wäre Sache der Philosophie. Platon hat sie als einen Weg verstanden, der Körper und Seele gleichermaßen entwickelt und ihrer Harmonie verpflichtet ist. Gymnastik und Dialektik, die sich als Kunst des wachsenden Unterscheidungsvermögens in der Gemeinsamkeit des philosophischen Gesprächs entfaltet, waren Übungen der Selbsterkenntnis. Bescheidenheit heißt das Eingeständnis, nicht vorschnell am Ziel angekommen zu sein und derartige Einbildungen zu durchschauen. Besonnenheit definiert Platon als „das Seinige tun" (Platon, Charmides 161 B f., S. 32 f.), wobei man keinen von anderen ausgedachten Pilgerpfad betritt.

Platon warnt deutlich genug vor den Abkürzungen dieses eigenen Weges, den philosophische Reflexion begleiten und vor solch billigen Kopierversuchen bewahren muss. Hören wir einen Moment seinem Dialog Philebos zu. Sokrates bestreitet, dass „einer von uns ein Leben erwählen möchte von der Art, dass er zwar Einsicht und Vernunft und Wissen und ein allumfassendes Gedächtnis hätte, aber dabei von Lust und andererseits von Schmerz nicht die geringste Empfindung hätte, sondern in Bezug auf alles Derartige völlig gefühllos wäre." (Platon, Philebos 20 E, S. 53) Ihm ging es um das Leben, das beide integriert. (Platon, a.a.O) Bescheidenheit wäre damit von einer grundlegenden Dialektik geprägt, weil sie eine durch Selbsterkenntnis getragene Transformation der Bedürfnisse und des Begehrens in Gang bringt.

Diotima besitzt die Freundlichkeit, Sokrates im Gastmahl darüber aufzuklären, dass nur der Liebende und der, der Lust erlebt, in der Lage sein wird, diesen fundamentalen Veränderungsprozess in seiner Biographie zu erleben und durch seine philosophische Lebensführung zu fördern. Die Genese ihrer Bedeutungen, die den philosophischen Prozess prägen, ist mit der Befreiung von der „Sklavenart" verbunden. (Platon, Das Gastmahl, 210 A, S. 58) Wer der Lust die ewige Schuld an der Verhinderung menschlicher Freiheit unterstellt, dokumentiert, dass er kein Philosoph auf diesem Wege ist. Er verwechselt die Selbsterkenntnis mit einer weit verbreiteten Form der philosophischen Neurose, zu der die christliche Lesart der griechischen Klassiker immens viel beigetragen hat.

Als banale Selbsteinschränkung verstanden, verfehlt die Thematisierung der Bescheidenheit den zentralen Punkt: In einem entscheidenden Sinn ist ihr Thema nicht das Zurückweichen vor dem Zuviel, sondern die Erkenntnis des Zuwenig. Der Plunder zieht sie nicht mehr an. Anders als der, der sich überfressen hat und es nach dem Abklingen der aktuellen Beschwerden wieder tun wird, scheint Bescheidenheit einen Lernprozess anzuzeigen. Sie demaskiert die fade Welt der aufgeputschten Lust und scheint nach etwas zu suchen. Vielleicht ist es mit dem Wort „Glück", das inmitten unserer Kicks und Thrills etwas anachronistisch daherkommt, immer noch am besten zu bezeichnen.

Das Unglück der konsumgegängelten Lust zu brandmarken fällt in Überflussgesellschaften, deren Orgien eine inzwischen etablierte Literatur als Konsumterror kenntlich macht, leicht. Damit steht sie womöglich im nächsten Fettnäpfchen und sucht mit der Riege der enttäuschten Konsumenten nach den neuen Angeboten ohne Reue und schlechtes Gewissen. Fern der von Lichtenberg empfohlenen Aufklärung von Bedürfnissen wird das den Zyklus von Produktinnovationen ankurbeln und die gerade erst erwachsene Einsicht, dass man den falschen Produkten hinterhergelaufen ist, als kleinen persönlichen Irrtum und als große Schuld der Produzenten verstehen, während man sich selbst grandios aus der Affäre zieht.

Verbote stiften das Medium, in dem diese Flucht am besten gelingt. Die Verantwortung für Einschränkungen liegt bei der verbietenden Instanz. Auch die individuelle Übertretung behält sie immer als bestimmenden Akteur des Feldes im Blick, wie man aus Nietzsches ironischer Bemerkung lernen kann. Wenn Bescheidenheit ohne Selbsterkenntnis einen faulen Kompromiss darstellt, so ist ihrerseits die Selbsterkenntnis ohne die Freiheit um einen wesentlichen Moment verkleinert. Das radikalste Verständnis dieses notwendigen Zusammenhanges verdanken wir Sartre. Mitten im Zweiten Weltkrieg schrieb er: „[...] ein gesellschaftlicher Vorgang [...] kommt nicht von außen; wenn ich in einem Kriege einberufen werde, ist dieser Krieg *mein* Krieg, weil ich jederzeit mich ihm hätte entziehen können, durch Selbstmord oder Fahnenflucht [...]. Da ich mich ihm nicht entzogen habe, habe ich ihn *gewählt*; das kann aus Energiemangel oder aus Feigheit gegenüber der öffentlichen Meinung geschehen [...]. Diese Wahl wird in der Folge ununterbrochen bis zum Ende des Krieges wiederholt [...].“ (Sartre, Das Sein und das Nichts, 697) Die Wahl spaltet die Welt in Freund und Feind und nötigt dazu, eine Position zu beziehen und die Verantwortung für das gesamte Geschehen als die eigene zu erkennen. Man kann ihr nicht entkommen. So nah liegen die Freiheit der Wahl und die Zwänge der historischen Situation beieinander.

Man hat Sartres Koppelung von Wahl und Verantwortung als monströs oder heroisch bezeichnet. Man könnte auch das Gegenteil behaupten. Im Kontext der Bescheidenheit offenbart sie die Unmöglichkeit, sich aus der Welt zu stehlen oder in Nischen Schutz vor Unwägbarkeiten zu suchen. Eine Entscheidung ließe sie sich als Entwurf eines Lebens verstehen, für das man selber Verantwortung zu tragen bereit ist und das man als das eigene anerkennt.

Begreift man die Ausplünderung der Welt und die Beraubung der Machtlosen als qualvolle Realität der eigenen Handlungssphäre, dann hat man eine andere Wahl getroffen, als wenn man sie nur zum Anlass von wohlmeinenden Diskursen nimmt, die allen Beteiligten komfortable moralische Positionen versprechen. Bescheidenheit ist eine Antwort auf die Fragen, die von vielen Namenlosen an uns gestellt werden könnten: Bist du durch dein konkretes Verhalten für unsere Lage verantwortlich? Was nimmst du uns? Im gegenwärtigen Schweigen der Leidenden aber macht sie letztlich eine Stimme vernehmbar, nämlich die einer kritischen Selbsterkenntnis. In politischen Auseinandersetzungen wird sie durch und durch parteiisch, wenn sie das Ersticken am eigenen Zuviel als das Verhungern der

Habenichtse als ihre eigene existenzielle Situation erkennt. Selbsterkenntnis öffnet ihr Augen, Bescheidenheit öffnet ihr die Konsequenz.

16. Descartes' Experiment

Wenn nichts mehr richtig schmeckt und vieles viel zu viel ist, stellt sich Ekel ein. Er macht dem Appetit ein Ende und die Sache anscheinend klar: Alles Weitere wird dankend abgelehnt. Verschwindet der Ekel, meldet sich nach einer mehr oder weniger kurzen Karenzzeit das erste Gefühl, dass etwas fehlt und der Magen doch wieder auf üppigeren Nachschub wartet. Manchmal hat es die Unsicherheit im Gepäck, kenntlich an der Frage: Was will ich eigentlich? Man könnte sich nun alle Angebote vorstellen, um die antwortenden Signale des Magens zu erhaschen, aber wer tut das schon? Meistens hat man das Programm im Kopf schon fertig: ab jetzt dies ja und das nein. Bis der ewige Salat auch zu viel wird. Die verlorenen Söhne und Töchter kehren in die alten Konsumgewohnheiten zurück und werden begeistert empfangen. Wieder sind sie am Anfangspunkt angelangt. Ist der Appetit gut, scheint die böse Episode nicht so tragisch gewesen zu sein.

Jojo-Effekt nennt man das Zunehmen durch Abnehmen. Er beginnt mit der heroisch in die Tat umgesetzten Maxime „Nie wieder dick!". In den hyperkontrollierten euphorischen Phasen purzeln die Pfunde, die nach dem baldigen Zusammenbruch des asketischen Kurzstreckenlaufes ihre Wiederkehr in Überzahl erleben. Das alles ist so normal und tagtäglich in allen Facetten zu beobachten, dass niemand es zulassen würde, mit einem Alkoholiker verglichen zu werden. Der säuft doch nur und kann nicht anders. Einige Alkoholiker aber – Suchttherapeuten sprechen von Gamma- und Epsilon-Alkoholikern – schaffen es immer wieder, ganze Zeiten hindurch moderat zu trinken oder trocken zu bleiben. Sie wollen sich und anderen beweisen, eben keine Alkoholiker zu sein, und landen in umso schlimmerer Abhängigkeit. Dieses Muster kennt man auch im Falle nicht stoffgebundener Süchte ganz gut.

Süchtig – ich? Man hält inne, wird doch etwas unsicher und beäugt das Karussell, in dem sich die Phasen der Konsumorientiertheit und Konsumzurückhaltung routiniert abwechseln, mit etwas skeptischeren Augen. Wäre eine Radikalkur, vergleichbar mit der Abstinenzregel der Suchttherapie, nicht doch die bessere Strategie? In welche Hände soll man sich aber begeben, um hier den zündenden Ratschlag abzuholen? Sollten die Philosophen etwa ... ? Da tritt man in ein neues Kaleidoskop ein; alles dreht sich, man verliert die Orientierung und hat am Ende dieses leichte Nausea-Gefühl, das man doch loswerden wollte.

Der bedürfnislose Diogenes liebte es, mit dem Verzehr von rohem Fleisch und Küchenabfällen zu provozieren. (Michel Onfray, Der Bauch der Philosophen, 38) Nietzsche, der selbsternannte letzte Jünger des Dionysos, war dem Wein durchaus abhold; er versuchte es mit vegetarischer Ernährung und machte den Fehler, seinem damals noch hochgeschätzten Richard Wagner davon zu erzählen, der ihm solche Flausen sofort ausgeredet hat. Kant dagegen, Musterbeispiel eines ruhigen und dem Immergleichen verpflichteten Lebensstils, rührte artig seinen Senf und liebte Kapern, während Rousseau, nicht ganz unpassend zu seinem „Zurück zur Natur“ die Milch der nährenden Kühe verherrlichte. Das passte wenigstens zusammen. Was sagen wir aber zu einem philosophierenden Arzt wie LaMettrie, der, wie Voltaire berichtete, starb, weil er sich an einer Trüffelpastete überfressen hatte? (Voltaire, Denkwürdigkeiten aus dem Leben des Herrn de Voltaire. In: Voltaire, Sämtliche Romane und Erzählungen, Bd. I, XCI.) Wer aus dem häufigen Auftreten der Schalentiere im Werk von Sartre auf den Geschmack des Autors schließen will, liegt falsch: Sartre liebte sie auf dem Papier und hasste sie auf dem Teller. In manchen seiner Alpträume waren die Langusten hinter dem armen Philosophen her. (Vgl.: Onfray, 152)

Das alles ist amüsant, lässt bisweilen tief blicken und hilft nicht weiter. Philosophie liegt nicht auf dem Teller, obwohl sie das Problem der chaotisch erscheinenden kulinarischen Angebote, die Ratlosigkeit hinterlassen, auch im Bereich von Sinn und Wert nur allzu gut kennt. Gehen wir zurück ins siebzehnte Jahrhundert, mitten in den mörderischen Dreißigjährigen Krieg. Die ewigen Sicherheiten der scholastischen Systeme waren in sich zusammengebrochen, die alleinseligmachende Religion hatte ihre Anhänger in Kriegsparteien aufgespalten und aufeinander gehetzt. Zu trauen war nichts und niemandem mehr. Musste man es nicht satt haben, von einer Metaphysik, unter deren eingefallenem Dach man nicht mehr leben konnte, zur nächsten zu wechseln, deren Fundamente auch schon bröckelten? Wo sollte man einen archimedischen Punkt finden, auf dem man sich von dem ganzen Ballast befreien kann und neu im Denken beginnt?

Dann schon lieber den Zweifel, der als Zahn der Zeit an allem nagt und es zum Einsturz bringt, als willkommenen Gast willkommen heißen und mit ihm hier und jetzt gemeinsame Sache machen! Er beerbt den Sinn, der angeblich alles durchzieht und auf sichere Fundamente stellt, und ersetzt ihn durch die blanke Frage: Was ist, wenn es diesen angeblich so überlegenen Sinn gar nicht gibt oder wenn ihn niemand kennt? Im Feldlager sitzt René Descartes am Kamin, betastet das Papier, spürt, dass sein Körper existiert, und weiß doch nicht, ob das alles nur ein böser Traum ist. Nicht einmal die Gewissheiten der zeitgenössischen Wissenschaften überstehen den leisesten Zweifel. Sie denken, aber der Zweifel denkt anders. Nichts als das blanke „Ich bin, ich existiere" schien Descartes zu bleiben. (Descartes, Meditationen, 16, 17, 21, 22) Man kann sich ja vieles einbilden, aber dieses eine eben nicht, so lautete die nackt und karg gewordene Wahrheit, die Descartes als eine solche akzeptieren konnte.

Dem Mathematiker und Philosophen reicht das nicht aus. Lässt sich nicht ein Experiment erfinden, mit dem man auf die Suche nach mehr gehen kann? Descartes wagt sich in die leere Wüste, in der nur seine eigene blanke Existenz einen ersten Anhaltspunkt bietet: „Ich werde jetzt meine Augen schließen, meine Ohren verstopfen und alle meine Sinne ablenken, auch die Bilder körperlicher Dinge sämtlich aus meinem Bewusstsein tilgen oder, da dies wohl kaum möglich ist, sie doch als eitel und falsch und für nichts achten; mit mir allein will ich reden, tiefer in mich hineinblicken und so versuchen, mir mein Selbst nach und nach bekannter und vertrauter zu machen.“ (Descartes, Meditationen, 30) Mag die Welt wüten und eine Täuschung die andere ablösen – in dieser stillen Kammer soll sich die Geburt einer zweifellosen Wahrheit vollziehen. „Ich bin ein denkendes Wesen, d.h. ein Wesen, das zweifelt, bejaht, verneint, wenig versteht, vieles nicht weiß, das will, nicht will, auch Einbildung und Empfindung hat. [...] Und mit diesen Worten habe ich alles aufgezählt, was ich wahrhaft weiß.“ (Descartes, a.a.O.)

Mehr nicht? Descartes steht immer noch in der Wüste, ist aber sein größtes Problem, den Treibsand unter seinen Füßen, losgeworden. Die etablierte Philosophiegeschichte lässt die neuzeitliche Philosophie mit dieser unhintergehbaren Position beginnen, auch wenn ihr heute langweilige Namen gegeben werden, die von der aufwühlenden Nacktheit des Descart'schen Experiments, das als einer der historischen Gipfelpunkte der Bescheidenheit gelten kann, nichts mehr erzählen. Hilft es heute womöglich, die Existenz des dahintreibenden Konsumenten zu beenden und in Erfahrung zu bringen, was man will?

Wer das Experiment nicht gemacht hat und von vornherein sicher ist, dass er dessen Ergebnis ja nachlesen kann, betrügt sich. Er verzichtet auf zentrale Einsichten, die er nur mit seinen eigenen Augen zu Gesicht bekommt. Eine geheizte Stube mitten im Krieg braucht man nicht, ein Supermarkt oder die täglich den Briefkasten verstopfende Werbung tun es für den Anfang auch. Findet man das Echo der Waren und der schreienden Angebote nicht in seinem Inneren wieder? Sie mogeln in unsere stolze Konsumentensouveränität den kleinen Moment, in dem wir schon in die Phantasierolle geschlüpft sind und das neue Outfit den endlich staunenden anderen präsentieren.

Die Werbung spricht zu sich selbst, denn auch wir sind im Alltag Werbestrategen in eigener Sache und freuen uns über die

Hilfestellungen des großen Bruders. Werbung steht immer gegen Werbung: Sollen die anderen die Aufmerksamkeit, um die jeder buhlt und die keiner üppig verteilt, auf sich ziehen, während man Aschenputtel spielt? Die Leute, die stolz alles ablehnen und so abgewetzt daherschlurfen, sind durchaus suspekt: Sie zeigen nicht, was sie denken. Oder denken sie abgewetzt? Was wollen die, wenn nicht die Konsumenten kritisieren und sich mit ihrer Eckensteherei den Beifall ihres avantgardistischen Klüngels sichern?

Beenden wir die Abschweifung, die uns beim Umblättern der Katalogseiten entführt hat; tauchen wir wieder ein in die Welt der Waren, die erkennbar schon auf das Label der Bescheidenheit getrimmt sind: Konsumieren heißt heute Sparen, wenn man schnell zuschlägt. Das Schnäppchen ist nur für die Kurzentschlossenen und *Last-Minute*-Aktivisten; durch Reflexionen behinderte Menschen kaufen teuer. Die steifen Anzüge der Männer, unentbehrlich für nimmersatte Banker und technokratische Weltzerstörer, dürfen heute mit Accessoires im Bauarbeiterlook kombiniert werden, sagt der Katalog. Der Vorstandsvorsitzende im feinen Zwirn mit Palästinenserschal ist der arrivierte *Nach-68er*, *ars combinatoria* der postmodernen Welt und eine Demonstration der systemsprengenden kritischen Unabhängigkeit derer, die sich das anzuziehen trauen: Seht her, ich spiele in ihrer Riege und bin nicht wie die; ich gehöre auf meinem suggerierten Sitz im Aufsichtsrat einer revolutionären Bewegung an. Rudi Dutschkes Marsch durch die Institutionen ist endlich am Ziel: Der linke Marschierer entblättert im Moment der textilen Offenbarung seine Position, und die Fraktion der etablierten Träger des feinen Zwirns fällt in Schrecken und Angst. Dabei lässt sich alles so superbillig erwerben, dass man den Interessen des Kapitalismus gleich ein doppeltes Schnippchen schlägt.

Viele der passgenauen Angebote werden innerlich schon auf den ersten Blick angenommen, wenigstens für den kleinen Gang auf einem imaginierten Laufsteg mit Zuschauern, oder man blättert zielstrebig zu den Seiten, deren Image- und Lifestyle-Werte man merkwürdigerweise als sein Eigentum ansieht. Angesichts der überblätterten Teile, deren Waren kopfschüttelnd abgelehnt werden, erwarten sie uns umso strahlender. Kommunizieren sie mit uns, indem sie sich in unser Begehren und Denken einschleichen, ja ihre Verführungskünste an deren Stelle setzen? Sie inszenieren unser Selbst und setzen es auf Treibsand. Man darf die Beobachtung anderer hinzuziehen. Kaum ein Autor hat diese Mechanismen so eindringlich und mit psychoanalytisch geschärftem Blick analysiert wie Erich Fromm. „Der Konsumentenhaltung liegt der Wunsch zugrunde, die ganze Welt zu verschlingen, der Konsument ist der ewige Säugling, der nach der Flasche schreit." (Fromm, Haben oder Sein, 292)

Anders als der Säugling, der irgendwann wohlig einschläft, wird der erwachsene Konsument ein Nimmersatt. Er bekommt einfach nichts in den Magen, was vorhält. Die entstehende Leere und Enttäuschung wird durch neue Attraktionen betäubt. Würde man jemals die Sachen, die jetzt auf dem Sperrmüll stehen und die man früher doch unbedingt haben musste, ein zweites Mal kaufen? Wie konnte man nur diese hässlichen brauen Sessel kaufen! Glücklicherweise hat man jetzt den „richtigen" Geschmack; hoffentlich sieht niemand diese kläglichen Reste am Straßenrand stehen. Anderes nimmt längst ihre Stelle ein, und die Kataloge bereiten auch deren Nachfolger schon vor. Wären es grundlegende Meinungen, für die man mit seiner Person einstehen würde, hätte man sich durch diese merkwürdige und keinem Außenstehenden nachvollziehbare Auswechselei schnell lächerlich gemacht.

Manchmal hilft die neue Mode, erst kurz vergangene Warenwelten zu historisieren und mit dem pathetischen Flair jüngst verflossener Jahre zu belegen: Das waren Zeiten! Auch wenn man in diesen hässlichen braunen Polstermöbeln saß. Die euphorisierenden Narrative werden taktgleich zur Abfuhr des Mülls geliefert; man könnte aus ihnen seine ganze Biographie im Maßstab der Zeitgeschichte zusammenkleben. Sie bringt Events wie Fußballweltmeisterschaften,

Naturkatastrophen, Kriege und den Fall der Berliner Mauer mit dem brauen Sessel und mit dem, der sie in diesem vor dem Fernseher erlebte, zusammen. Lästere niemand über das historisch bedeutsame Möbelstück, Zeitzeuge ersten Ranges!

Trotzdem muss er weg. Der Konsument darf sich die Geschichte des Scheiterns seiner geweckten Bedürfnisse, die ihm als eigene Überzeugungen und persönliches Bekenntnis doch so wesentlich wurden, nicht eingestehen und etwa daran gehen, die hinterlassenen Müllberge und deren geistige Pendants auszumessen. Erich Fromms Frage: „Wer bin ich, wenn ich bin, was ich habe, und dann verliere, was ich habe?" (Fromm, a.a.O., 348) ist eine reizvolle Fortsetzung des Experiments von Descartes, dessen Antwort man wiederum denen nicht überlassen sollte, die sie nicht wirklich und existenziell verbindlich stellen. Der selbstbewussten Antwort, dass man das alles nicht brauche, sondern aus bewusstem Interesse an einem guten Leben will, lauert immer im Hintergrund.

Gibt es einen kritischeren Menschen als den Konsumenten, der skeptisch die Warenangebote durchmustert? Das geht nur mit der Zurückhaltung, die damit rechnet, dass das beste Angebot erst im letzten Regal liegt. Das momentane Verzichtenkönnen ist eine recht pragmatische Tugend, die er in Anspruch nimmt. Deshalb fällt es leicht, Fromms Frage mit einem kräftigen „Mir fehlt nichts, wenn mir das alles genommen wird" zu beantworten. Nein, der Kritiker soll sich andere Opfer suchen; man ist von seinen Sätzen, die man ja selber gern sagt, überhaupt nicht betroffen. Kommt diese Verneinung als Erstes in den Sinn, dann ist die Meditation schon recht erfolgreich gewesen. Sie hat ins Bewusstsein gebracht, dass schematische Reaktionen blitzhaft und beinahe automatisch abrufbar sind. Ihre Aufgabe besteht darin, solche Fragen unschädlich zu machen.

Wenn man unter ihnen den Treibsand fließen spürt, lässt man sich in einer charakteristischen Weise nicht gern auf solche Selbstprüfungen ein. Man kreiert ein recht allgemeines Bild seiner selbst. Es hält sich von allem, was uns umtreibt, ebenso fern wie das ökonomische

Mustermännchen, das Adam Smith erfunden hat. Der *homo oeconomicus* ist rational und sucht seinen Nutzen. (Smith, Der Wohlstand der Nationen, 17) Der junge Immanuel Kant hätte die Flucht in die Abstraktion eine „negative Aufmerksamkeit" genannt, die zusammen mit dem Konkreten auch den Konflikt verschwinden lässt. Dieses Absehen ist „ein wahrhaftes Tun und Handeln, welches derjenigen Handlung, wodurch die Vorstellung klar wird, entgegengesetzt ist [...]." (Kant, Versuch, den Begriff der negativen Größen in die Weltweisheit einzuführen. A 42, S. 803) Verwechselt man Philosophie mit der bloßen Konstruktion derartiger abstrakter Systeme und Sinngehalte, dann hätte sie einen gravierenden Konstruktionsfehler und wäre für unsere gestellte Frage eine schlechte Adresse. Niemand – außer vielleicht einem dominanten Selbstverständnis heutiger akademischer Philosophie – zwingt uns aber dazu.

Wie gelingt es im praktischen Einzelfall, durch das Stellen einer Frage den Konflikt loszuwerden, nach dem sie fragt? Anschauungsunterricht bietet die psychoanalytische Erfahrung. Im Traum erscheint eine Person, die der Träumer anscheinend nicht identifizieren kann; er will aber ganz bestimmt wissen, dass es nicht seine Mutter gewesen sein kann. Die Antennen eines aufmerksamen Analytikers registrieren feinsinnig, dass sich der Konflikt mit der Mutter gerade in dieser Verneinung ausspricht. Freud hat der Verneinung eine Bedeutung zuerkannt, die weit über die psychoanalytische Therapie hinausgeht: „Ein verdrängter Vorstellungs- oder Gedankeninhalt kann also zum Bewusstsein durchdringen, unter der Bedingung, dass er sich v e r n e i n e n lässt. Die Verneinung ist eine Art, das Verdrängte zur Kenntnis zu nehmen, eigentlich schon eine Aufhebung der Verdrängung, aber freilich keine Annahme des Verdrängten." (Freud, Die Verneinung. G.W. XIV, 11-15; hier: 12)

Man will für sich eigentlich nicht gelten lassen, was man insgeheim weiß. Diese Form der alltäglichen leichten Schizophrenie baut Trennungslinien, durch die Einsicht und Selbsterkenntnis zu feindlichen Brüdern werden. Umso heftiger wendet sich die Kritik abstrakten Gegnern zu: Die anderen machen alles falsch, auch ist die nimmersatte Wirtschaft ein idealer Adressat aller Anklagen. Wer die Knechtschaft des Nachbarn durchschaut, gewinnt durch dieses Bravourstück die eigene Unbefangenheit zurück und wähnt sich immun. In der Spitzfindigkeit, mit der andere analysiert werden, offenbart sich eine intime Kenntnis der Konsumsüchte, die jeder nur im Bewusstsein seiner selbst gewinnen kann.

Konsumkritische Werbung und Produkte, die sich als Anti-Konsumwaren offerieren, führen vor Augen, dass dieses Spiel für neue Märkte operationalisiert werden kann. Diese dienstbare Kritik beschleunigt den Wechsel der Moden, während ein Mensch, der mit Descartes' Experiment den Augenblick des stillen Nicht-Mitmachens erfährt, auch den Taumel der vorschnellen Antworten an sich vorüberziehen sieht. Er hat noch keine Antwort. Mit nichts ist er fertig. Das Bewusstsein, dass all diese Probleme zwar existieren, für ihn selber aber verneint werden können, sagt ihm nichts. Sollte eine an Descartes angelehnte Meditation dieses Ergebnis zutage fördern, hätte sie durchaus mit Erfolg ein Teilstück durchschritten, wäre damit aber noch lange nicht an ihrem Ende angelangt. Denn noch ist nirgendwo eine Selbstgewissheit aufgetaucht, der es gelungen wäre, sich aus dem Spiel, dem ihre Zweifel gelten, wenigstens für einen Moment herauszuhalten.

Die Nacktheit der Erfahrung, die Descartes beschrieb, hätte nur dann einen Sinn, wenn sie solchen Verneinungen entgeht und sie als Moment ihres Fortschreitens zu nutzen lernt. Das Ergebnis solcher „Meditationen" hängt auch von der Zeit ab, die man ihr einräumt; man weiß aus der Geschichte der Psychoanalyse, wie lange wirkliche Veränderungsprozesse dauern können. Die Psychoanalyse kann sich in gewissem Sinn auf ein komfortableres Gerüst stützen. Die Teilnahme wird vom Leidensdruck motiviert, den zu beheben die Therapie verspricht. Die Meditation à là Descartes kann kein solches Ziel definieren und wird durch keine professionelle Begleitung mit Gütesiegel gestützt.

Einzig die Widerstände zeigen an, dass man mit ihr konfliktbesetztes Terrain betritt und eine charakteristische Dynamik freisetzt. Man wird ihr Zeuge. Doch genau damit setzt eine Distanzierung ein, die sich nicht in einer Geste des Zurücklehnens erschöpft. In diesen Momenten beginnt ein innerer Dialog. Er schneidet die Beziehungsfäden zu seiner Welt nicht ab, sondern zieht vielleicht an ihnen wie ein Kind, das eine Marionette ausprobiert. Was bewegt sich da? Die Welt – und ich gleich mit? Welche Muster sehe ich? Existiere ich selber in ihnen? Descartes waren solche Erfahrungen keinesfalls fremd. Er sitzt am Fenster und schaut den Passanten zu. Es sind Menschen, aber was sieht er? Es könnten auch Automaten sein, die Hüte und Kleider spazieren führen. (Descartes, Meditationen, 28) Wie erkennt man die Menschen darunter?

Descartes Antworten mögen heute verwirrend sein; auch seine Frage nach dem Menschen unter den Kleidern stellt sich für uns anders. Müde, aber mit der sprungbereiten Aufmerksamkeit, die die Warenwelten uns gelehrt haben, blättern wir im Katalog. Den dort Abgebildeten eignet in hohem Maße, was uns fehlt: Sie sind jung, erfolgreich, aggressiv. Sie sind in Arbeitswelten, die nach Urlaub riechen, zuhause. Ihr ungehemmtes Selbstbewusstsein oder ihre Unverfrorenheit hätten wir gern. Sie haben die menschlichen Eigenschaften, die wir allzu gern bestellen. Dreht sich Descartes' Perspektive nicht um? Sagen uns die Bilder nicht: Bist du noch der Automat mit den grauen Sachen und dem grauem Antlitz, oder lebst du schon in unserer Spontaneität und Frische?

Der Katalog war schneller als wir. Was immer wir wünschen könnten, er hat es schon durchdekliniert, assistiert von kundiger konsumpsychologischer Typisierung. Man sucht nicht, sondern hat schon gefunden. Der Wunsch und sein Objekt treten wie der Hirsch auf die Lichtung: ein Schuss, ein Knall, das war's. Man hat erlegt, was einen Moment zuvor noch nicht da war. Die Lieferkette kommt nicht mehr ins Bewusstsein. Wir fragen uns auch nicht, ob wir selber geschossen haben. Michel de Montaigne, dessen selbstanalytische

Essais das Descart'sche Experiment vorbereitet haben, beschreibt solche Übergänge klar und luzide: „Wir sind niemals bey uns selbst, sondern allezeit weiter hinaus. [...] Wer sich aber kennt, betrachtet eine fremde Handlung nicht mehr als seine eigene [...]." (Montaigne, Die Essais, I, 17 f.) Sich selbst gegenwärtig zu sein, das verändert für Montaigne die eingefleischten Spielpläne.

Weiß man, wer man ist und was man will? Montaigne erlebt, dass man auf dem Wege der „Geistesgegenwart" zunächst erfährt, was man verfälscht. Der Schauspieler erkennt nach und nach die Rollen, die er spielt. Er sieht sich zu und erahnt, Schritt für Schritt und durchaus unter Qualen, das Stück, die Regie und den Zweck dessen, was er aufführt. Das bedeutet in der Regel nicht, an dem Stück und dem eingebildeten Hauptdarsteller Gefallen finden zu müssen. Andere werden genau dies unterstellen und das ganze Projekt als simplen Narzissmus diffamieren. Montaigne weiß es besser: „Sie glauben, wenn man sich mit sich selbst beschäftiget, man habe einen Gefallen an sich selbsten. Sie denken, wenn man mit sich selbst umgehet, und sich mit sich selbst bekannt machet, man liebe sich allzu sehr. Allein in diese Ausschweifung verfallen nur diejenigen, welche sich nur auf der Oberfläche betasten [...]." (Montaigne, Die Essais, II, 751)

Das Gewahrnehmen seiner selbst tritt an die Stelle der Identität, die man vordem glaubte, zu verkörpern. Man gerät in einen Strudel. Seine kreisende Bewegung treibt Montaigne von sich weg und führt ihn, in überraschenden Momenten, auf sich in einer nie erlebten Intimität zurück. „Das *Hier* denken", schreibt der Literaturwissenschaftler und Psychoanalytiker Jean Starobinski über Montaignes Experiment, „heißt alle mögliche Aufmerksamkeit auf den gegenwärtigen Ort lenken, den das Bewusstsein bewohnt, auf die Identität, an die es fixiert ist, und auf die Kräfte, die es in dieser Rückwendung auf sich selber wiederfindet." (Starobinski, Montaigne. Denken und Existenz, 27)

Montaignes Forderung an sich selbst ist von der Radikalität, die Descartes später in seinem Experiment in verwandelter Form erleben wird. Sie sucht das Konkrete und tauscht es nicht durch das Spiel der Begriffe aus: „[...] ich male mich selbst ab. Man wird meine Fehler, meine Unvollkommenheiten, und meine wahre Gestalt [...] mit lebendigen Farben darinnen abgeschildert finden." (Montaigne, Die Essais, I, An den Leser; S. XLIV) Auf beide wartete die Erfahrung einer höchst bescheidenen Nacktheit, die in ihren pomadisierten Gesellschaften mit ihren transzendenten Düften kaum noch kommunizierbar war: „Hätte ich mich", eröffnet Montaigne seinen Lesern gleich im Vorwort seiner Essais, „unter solchen Völkern befunden, welche, wie es heißt, noch unter der holden Freyheit der ersten Naturgesetze leben: so versichere ich dich, ich würde mich herzlich gern völlig und ganz nackend abgemalet haben. Also bin ich selbst die Materie meines Buches [...]." (Montaigne, ebd.) Das ist kein Exhibitionismus; Montaigne umgeht nur das Wort der Bescheidenheit.

Er hätte hinzufügen können, dass die Leser, die die Selbstverständlichkeiten ihrer Zeit nur bestätigt finden wollen, überall in diese kritische Bewegung hineingeraten könnten. Doch so unbescheiden war er aus gutem Grunde nicht. Was er unternahm, lässt sich nicht stellvertretend für andere tun. Kein Katalog der durch die Lektüre zu erwerbenden besseren Wahrheiten war aufstellbar. Solche Kataloge gab es in Überfülle. Magnifizenzen, Spektabilitäten und Professores pochten, weil Wahrheit ihr Eigentum als Führer der Rechtgläubigen und Rechtmeinenden war, auf ihre Stellung und hielten ihre autoritative Verwaltung für unverzichtbar. Montaigne und Descartes stieg ein unangenehmer Fäulnisgeruch in die Nase. „Mit Mumien diskutiert man nicht mehr", merkt Paul Valéry in einem Essay über Descartes an. (Valéry, Descartes, 22) Mag sein, dass das lebendige Experiment von Descartes und Montaigne heute beim Durchblättern eines Warenkataloges einen ebenso merkwürdigen Geruch produziert. Es warnt uns vor der Mortifikation unserer eigenen Kräfte und Wünsche, die die Waren leben lassen will und der Sucht nicht entgeht, die notwendig eintretenden Enttäuschungen durch immer mehr Konsum zu kompensieren.

Man sieht in die soziale Welt, die der Katalog ankündigt. Er ist zuverlässiger als der Wetterbericht: Den Menschen und Gesten, die der Katalog präfiguriert, wird man morgen begegnen. Sie werden von uns den Blick erwarten, den wir auch ihnen bei unserer imaginären Anprobe unterstellt haben. In Andersens Märchen von *Des Kaisers neue Kleider* ist es ein Kind allein, das ruft: „Der Kaiser ist ja nackt!" Alle anderen hatten es gesehen, aber keiner von ihnen entkam der zuvor ausgesprochenen Drohung, dass eben nur der Tüchtige diese besonderen Kleider sieht. Wer sagt, was ist, hat sich als Verlierer disqualifiziert. Nicht anders mag es dem mit Descartes und Montaigne meditierenden Katalogleser zumute sein. Niemanden wird interessieren, was er sieht. Er macht nicht mit und spürt, dass er nichts mehr zu sagen hat, weil nichts mehr gehört werden wird.

Gewiss, ich übertreibe. Man muss das nicht so sehen. Niemand zwingt uns, in das heutige *memento mori* einzustimmen und bei jeder Konsumentenfreude über die psychische Verelendung unserer Gesellschaften oder die Grenzen des Wachstums zu klagen. Angesichts eines Kataloges muss man nicht unbedingt auf die Fragen zu sprechen kommen, die das Überleben der Menschheit betreffen. Aber verboten ist das auch nicht. Es werden Ressourcen für kurzzyklische Produkte verschleudert, es herrscht grässlicher Mangel auf der Welt. Kann man sich leisten, Produkte mit dem Anwärterstatus auf baldige Entsorgung zu kaufen? Erich Fromm hätte diesen Fragen noch die bohrende hinzugesellt, warum wir keine Freude empfinden in der Fülle der Dinge, sondern bestenfalls eine Lust, die eine Spielart des kaschierten Unglücks ist.

Um den Meditationen eines Montaigne oder Descartes das Odium der Nabelschau zu nehmen, sollte man deren soziale Bedeutung nicht unterschätzen. Sie reden nicht von Bescheidenheit, sie praktizieren sie und belegen ihre existenzielle Bedeutung. Als Tugend der Schrebergärtner, die neben den Bahngeleisen ihre Salatköpfe ziehen und den Rest im Supermarkt dazukaufen, alles großindustriell produzierte Ware, hat Bescheidenheit den Charakter einer leichten sozialen Narkose. Als Resultat „guter“ Erziehung ist sie die Stunde des Neurotikers, der brav auf die zu hoch hängenden Pflaumen verzichtet. Das wird ihr landläufig als Wesen unterstellt. Möge sich durch die eigene Praxis herausstellen, was Adorno in den Minima Moralia vorschlägt: „Das einzige, was sich verantworten lässt, ist, den ideologischen Missbrauch der eigenen Existenz sich zu versagen und im übrigen privat so bescheiden, unscheinbar und unprätentiös sich zu benehmen, wie es längst nicht mehr die gute Erziehung, wohl aber die Scham darüber gebietet, dass einem in der Hölle noch die Luft zum Atmen bleibt.“ (Adorno, Minima Moralia, 14)

Teil 3

Splitter

Wer hört zu, wenn man sich reden hört?

Im Restaurant beobachtet er einen Gast mit ausgeprägten Tischmanieren: eine noble Erscheinung, eine Galavorstellung. Er sieht einen anderen schmucklos essen und kann sich des unverschämten Eindrucks nicht erwehren, ihn bis ins Mark zu verstehen.

Der Moment scheint von außen auf uns zuzukommen. Was überzeugt uns davon, dass er ohne uns zustande käme – Bescheidenheit oder Anmaßung?

Man gibt nach und macht das Spiel der anderen mit. Zur Belohnung wird das Bewusstsein deutlicher und das Gedächtnis akribischer.

Er treibt seine Wünsche auf die Spitze und paktiert mit einer stillgestellten Welt. Nichts soll sich verändern, nur soll sie ihm heimlich zuspülen, wovon er schon Besitz ergriffen hat.

Der Erfolgreiche ist der Besitzer eines Magneten, der alles wie von selbst angezogen hat.

Er wollte Bescheidenheit praktizieren und kaufte sich eine Allwetterjacke.

Die Waren wählen ihre Käufer. Dankbar nehmen sie ihre Erhebung an und entrichten den Obolus.

Bescheidenheit klingt den meisten nach einer verstimmten Geige.

Der kleine Riss in der Fassade lässt dem Besitzer das neue Haus einstürzen.

In allen Ängsten müssen wir unbescheiden sein, sonst gelten sie nicht.

Er hörte zu und überschritt einen Punkt. Auf einmal wusste er tatsächlich nicht mehr, was er gleich sagen würde.

Der Gedanke kommt, wann er will. Wie vielen anderen hat er den Vortritt gelassen?

Sein Auto wurde wirklich nicht kleiner, weil der Nachbar sich ein größeres gekauft hatte.

Während er sich ausrechnete, wie lange seine Mittel reichen würden, rechnete er auf nichts.

Er hungerte auf Bescheidenheit und dankte seinem Magen für die schnelle Rückmeldung des Erfolges.

Fünfmal hintereinander eine sechs gewürfelt – das lässt kein Selbstbewusstsein kalt!

Manche verzeihen der Welt nichts. Sie nehmen Rache und führen ein dickes Sündenregister. Tagtäglich tragen sie Neues ein. Sie wollen dabei nicht gesehen werden – aus Angst vor den Sündenregistern der anderen.

Viele Selbstgenügsame ertragen ihresgleichen schlecht in ihrer Nähe.

Manchen Bescheidenen sind Glasperlen genug. Dafür verkaufen sie ihr ganzes Dorf in die Sklaverei.

Als alles zu kompliziert wurde, fand er die Einfachheit, die alles versteht. Seine Worte magerten ab. Jeder kannte sie und fragte ihn bald nach nichts mehr.

Der Kapitän, der mit der stürmischen See und ihren launischen Winden nicht mehr klarkam, ließ sich aufs Trockendock versetzen. Seine Befehle hallten durch das leere Schiff. Auf keinen einzigen durfte er verzichten, sonst geriete der Kahn in Gefahr.

Er kaufte sich eine Vase. Sie passte nicht zu den Vorhängen. Neue mussten her. Nun schien die Wand schmutzig, er strich sie an. Das brachte die Hässlichkeit des alten Schranks zum Vorschein, er wurde gegen einen hübschen neuen ausgetauscht. Dann kamen der neue Teppich und ein entzückender Kronleuchter. Weil alles zu schön war, um nur für ihn selber da zu sein, präsentierte er das Zimmer stolz seinen Freunden. Einer warf die Vase um, sie fiel in tausend Stücke. Ein ungutes Gefühl huschte in ihm vorbei; er spülte es mit Wein herunter.

Er wurde den Verdacht nicht los, dass ein anderer in dem neuen Anzug steckte. Er tat so, als hätte er ihn schon immer getragen. Der Anfall ging vorbei.

Was sagt uns der Mensch, der behauptet, *er* wolle nichts geschenkt haben?

Stimmt etwas nicht, wenn man sich bei Tisch guten Appetit wünschen muss?

Gier soll das Bewusstsein einschränken. Das kann nicht sein. Hyperwach schleicht der Kunde durch die Warenberge und findet seine Nadel im Heuhaufen.

Nach Freud stacheln uns die Triebe unersättlich an. Das Ich kann nichts dafür. Das Du sehr wohl.

Er sammelte für seine Biographie und bat überall um Spenden.

Einmal mussten die anderen ihm tatsächlich Recht geben. Er wollte diesen erhebenden Moment nicht mehr aufs Spiel setzen. Fortan hielt er sich zurück.

Stundenlang konnte er den Wolken zusehen, seitdem er wusste, dass keine Engel darauf Harfe spielen.

Vor lauter Musik konnte er sie nicht mehr hören.

Er wollte wissen und er wusste, dass er selber nicht glauben konnte, was er dachte.

Endlich hatte er, was er wollte. Es gehörte jemandem, den er nicht mehr verstand.

Er lauert auf die Enttäuschung wie andere auf den Paketdienst.

Lange ließ er sich mit seiner eigenen Geburt Zeit. Jetzt erst hatte er sich sein Spielzimmer eingerichtet.

Bestellen ist unsere Antwort auf Kafkas Hilflosigkeit des Erwartens.

Dicke sind gemütlich. Sie haben schon gegessen.

Warum soll ich mir etwas verbieten, sagte er und verbot sich, diese Frage zu beantworten.

Hütet euch vor den Schafen, sagte der Wolf. Er wusste, dass er nichts von ihnen annehmen durfte außer ihrem Fleisch.

Er wollte sich den Luxus nicht gönnen, durch Denken Probleme zu machen.

Hinter dem Lob hörte er eine Tür ins Schloss fallen.

Mit rückhaltloser Ehrlichkeit gelang es ihm schließlich, die anderen ins Unrecht zu setzen.

Seine Weisheit saugte die Irrtümer der anderen aus.

Ein Mensch, der seine Bescheidenheit wie ein Konto führt. Don Juan, der seine Eroberungen notiert. – Brüder, die glauben, das liest jemand.

Langeweile ist Verzweiflung, zu blinder Bescheidenheit verurteilt zu sein und von keiner Wut befreit zu werden.

Er ließ nichts ruhen und vergaß nichts. Er umgab sich mit einer akribisch ausstaffierten Welt. Jeden Morgen zog er sie neu an.

Es wunderte ihn doch, dass er ein eben erst neu gelerntes Wort, das er nur dreimal gesagt hatte, als sein Eigentum empfand.

Einer dachte, er finde sich, und ging sammelnd durch sein Leben. Ein anderer dachte, er erfinde sich, und bastelte mit allem herum. Beide dachten: Hier bin ich nicht. Irgendwo muss ich doch sein.

Sein Reichtum gilt ihm nichts. Er ist ein freier Mensch. Unentwegt wächst sein Reichtum weiter. Er kann nichts dafür.

Nie konnte er das Wort „Ich" aussprechen, ohne zu merken, dass ein Riss durch das Gespräch ging. Beim „Ich-Sagen" der anderen hatte er das nie beobachtet.

Demonstrative Bescheidenheit ist die Übertreibung, die sie anderen verwehrt.

Kein Glück überzeugt den Unglücklichen.

Er hält sich raus und sagt nichts. Daheim genießt er, wie das Echo der anderen kleinlaut vor dem verstummt, was er gesagt hätte.

Er hatte alles erklärt. Wie gern hätte er sich die Hände gerieben, wären keine Zuschauer da gewesen.

Er konnte nur übergroß erleben. Jeder musste es hören.

Manche müssen vom Schicksal reden, um die Wirklichkeit anzuerkennen.

Er hatte recht. Nun investierte er seine Zeit, noch mehr Beispiele gewinnbringend anzulegen.

Die Erinnerungen gehörten ihm nicht mehr. Sie hörten nicht auf ihn. Er suchte sich andere.

Niemand findet es tragisch, dass der vor Jahren gezogene Zahn auf irgendeiner Müllkippe liegt. Dabei hatte man sich gerade mit ihm ziemlich intensiv beschäftigt.

Wer zu schnell redet, hat seine Koffer schon gepackt.

Auf der Tagung erklärte man die Spielarten des Egoismus. Niemand entkommt ihnen. In der Kaffeepause benahm man sich besonders höflich.

Die Auszubildenden wurden jetzt mit Respekt behandelt und mit anspruchsvollen Aufgaben betraut. Der Professor, der das Projekt initiiert hatte, kehrte, als alle schon Feierabend hatten, den Fußboden.

Er dachte einen Gedanken, um andere draußen zu halten. Weil er es wusste, wollte er nicht wissen, was er tut.

In seinen letzten Tagen verweigerte der Krebskranke das Morphium. Er wollte sie erleben.

Nichts außer dem Zuhören kann einen Ton verklingen lassen. Am Ende hört man, was man nicht mehr hört.

Würde man alle Gewissheiten, mit denen man sein Leben grundiert, aufeinandertürmen, hätte man den Bau von Babel in den Schatten gestellt.

Manche sind froh, wenn sich die Flamme der Wahrheit durch ihren Rauch kommunizieren lässt.

Man glaubt, die Wahrheit müsse ein altes Gewächs sein, und beklagt, dass man zu spät dran ist.

Als er endlich Recht hatte, machte er es sich des Abends bequem und schaute aus seinem Fenster.

Nennt man Bescheidenheit beim lateinischen Namen *modestia*, ist ihr Zauber passé und wir beginnen ciceronisch zu deklinieren.

Er hatte viel gesehen. Da dufte er unterscheiden. Er hatte viel gewollt. Warum sollte er nicht aussuchen? Er kannte die Masken. Warum musste er seine Worte zurücknehmen, wann immer er sie freiließ?

Nachwort

Philosophische Publikationen lieben heute das verschwenderische Fußnotengetümmel. Aus jeder Seite schauen so viele herbeizitierte Denker heraus, dass man sich fragen möchte, ob anderswo kein Platz für sie gewesen wäre. Ein Gedanke nimmt die Tugenden eines Schwammes an. Er saugt sich mit Traditionen und passenden Positionen voll. Das gibt ihm Gewicht und verspricht dem Werk eine gewisse Zukunft. Der Autor ist gut beraten, seinem Schwamm nur Kost mit akademischem Reinheitssiegel einzuflößen. Je besser er sich darin auskennt, desto genauer weiß er, wer zu zitieren oder zu blamieren ist. Bekommt er dann alles in eine gute systematische Ordnung, kann der Applaus nicht weit sein. Wenigstens ein anerkennendes „verdienstvoll!“ steht für die Mühe in Aussicht.

Der Essayist hat sowieso schon den Kürzeren gezogen. Er gibt ein Live-Konzert, bei dem er sich des Öfteren verspielen wird. Das ist so bei Improvisationen. Manchmal spielt er sich in eine plötzlich entstehende Melodie ein, von der er nicht mehr lassen kann; wer Sinn für Improvisationen hat, wird deren Wiederholung nuancierter hören als der, der die sterile Perfektion einer durchgestylten Studioaufnahme erwartet. Ein Essay bleibt ein Versuch, und irgendetwas wird dabei regelmäßig danebengehen. Der Essayist nimmt keinen Schwamm zum Wegputzen. Er wird stattdessen die Freundschaft des Lesers in einem Maße in Anspruch nehmen wollen, das geradezu an das erinnert, was die Philosophie im Namen trägt: Sie ist die Gemeinsamkeit derer, die sich unter den „Freunden der Weisheit“ etwas recht Persönliches vorstellen können.

Essays werden im Unterschied zu Texten der akademischen Philosophie, die ihresgleichen adressieren, nicht für Essayisten geschrieben. Man wird kein Essayist, weil man Montaignes Experiment am eigenen Ich besser meint durchführen zu können oder Francis Bacons Ratschläge durch klügere zu ersetzen weiß. Etwas zieht ihn an, das nichts auslässt, was Philosophie, Literatur, die plötzlich großen Dinge des Alltags oder sonstige Küchen zu bieten haben. Der Essay verspricht, die Gedanken endlich zum Sprechen zu bringen, die hier schüchtern anklopfen oder dort ihre unentdeckten Navigationskünste ausleben wollen. Etwas Spiel ist dabei, wie immer, wenn etwas Neues beginnt.

Manchmal geht der Essayist auch im Kreise und freut sich auf ein unerwartetes Wiedersehen mit alten Bekannten, in anderen Fällen wird er merken, dass es keine Freude macht, an der Nase im Ring herumgeführt worden zu sein. Die Bewegung des Essays setzt aber erst ein, wenn eingeübte Immunisierungsstrategien Ansteckungen nicht mehr verhindern. Selbst Altinfektionen stehen in unerledigter Frische wieder da. Jean Améry, einer der bedeutendsten Essayisten des 20. Jahrhunderts, nannte das, was ihm da passierte, *Revision in Permanenz.* (Améry 1982, 1) Etwas Mut braucht es dafür schon. Wer ihn aufbringt, kann sich vorstellen, dass auch der Leser Spaß daran hätte.

Ein Essay beweist nichts und hält sich von traktathafter Besserwisserei fern. Der Grund ist recht simpel: Auf seinem Beet wachsen viele junge Pflanzen, von denen der Autor noch nicht weiß, wie sie später aussehen werden. Allzu schwere Gärtnerstiefel würden sie nur zertreten. Mögen andere immer schon wissen, wohin jeder Gedanke führt und wie viel Ertrag er abwirft- der Essayist muss es ausprobieren. Man könnte diese Zurückhaltung, ja den Respekt vor dem Eigenleben von Gedanken und ihrer Entwicklung als einen Akt der Bescheidenheit bezeichnen. Hier muss der Essayist alles ernst nehmen, ohne die Gäste seines Gespräches – geladene, hereingeschneite wie auch ungebetene – zu Fußnoten zu machen.

Wo es geschrieben steht

Adorno, Theodor W.: Minima Moralia. Reflexionen aus dem beschädigten Leben. Frankfurt 1982 (Suhrkamp)

Améry, Jean: Revision in Permanenz. Selbstanzeige im Zweifel. *Marbacher Magazin* 24/1982, 1-4

Aristoteles, Nikomachische Ethik. Hg. G. Bien. Übersetzung Eugen Rolfes. Hamburg 1985 (Meiner)

Aristoteles: Politik. Hg. G. Bien. Übersetzung Eugen Rolfes. Hamburg 1981 (Meiner)

Augustinus, Aurelius: Die Enthaltsamkeit. Übersetzung Paul Keseling. Würzburg 1949 (Augustinus-Verlag)

Barthes, Roland: Mythen des Alltags. Übersetzung Helmut Scheffel. Frankfurt 1964 (Suhrkamp)

Benjamin, Walter: Einbahnstraße. In: Gesammelte Schriften Bd. IV. 1. Hg. T. Rexroth. Frankfurt 1980 (Suhrkamp), 83-148.

Berthelsen, Detlef: Alltag bei Familie Freud. Die Erinnerungen der Paula Fichtl. München 1989 (Deutscher Taschenbuch Verlag)

Brecht, Bertold: Kalendergeschichten. Hamburg 1972 (Rowohlt)

Brod, Max: Franz Kafka. Eine Biographie. Frankfurt 1974 (Fischer)

Canetti, Elias: Masse und Macht. Düsseldorf 1981 (Claassen)

Chomsky, Noam: Haben und Nichthaben. Übersetzung Michael Schiffmann. Bodenheim 1998 (Philo)

Cioran, E. M.: Gevierteilt. Übersetzung Bernd Mattheus. Frankfurt 1991 (Suhrkamp)

Crary, Jonathan: Aufmerksamkeit. Wahrnehmung und moderne Kultur. Übersetzung Heinz Jatho. Frankfurt 2002 (Suhrkamp)

Crough, Colin: Postdemokratie. Übersetzung Nikolaus Gramm. Frankfurt 2008 (Suhrkamp)

Descartes, René: Meditationen über die Grundlagen der Philosophie. Hg. L. Gäbe. Hamburg 1960 (Meiner)

Diogenes Laertius: Leben und Meinungen berühmter Philosophen. Hrsg. und übersetzt von O. Apelt. Hamburg 1967 (Meiner)

Eckart, Felix: Wird die Demokratie ungerecht? Politik in Zeiten der Globalisierung. München 2007 (Beck)
Epiktet: The Discourses as Reported by Arrian, the Manual, and Fragments. Hrsg. und übersetzt von W. A. Oldfather. 2 Vol. London 1978 (W. Heinemann)
Flaubert, Gustave: Wörterbuch der Gemeinplätze. Übersetzt von Monika Petzenhauser und Cornelia Langendorf. Frankfurt 1991 (Insel)
Freidanks Bescheidenheit. Übertragen, herausgegeben und eingeleitet von Wolfgang Spiewok. Leipzig 1985 (Reclam)
Freud, Sigmund: Gesammelte Werke. Hg. A. Freud, E. Bibring, E. Kris. Frankfurt 1999 (Fischer):
- Über Psychoanalyse. Vol. VIII, 1-60
- Eine Kindheitserinnerung des Leonardo da Vinci. Vol. VIII, 127-211
- Ratschläge für den Arzt bei der psychoanalytischen Behandlung. Vol. VIII, 375-387
- Totem und Tabu, Vol. IX
- Eine Schwierigkeit der Psychoanalyse. Vol. XII, 1-12
- Die Verneinung. Vol. XIV, 11-15
- Das Unbehagen in der Kultur. Vol. XIV, 419-506
- Die Frage der Laienanalyse. Vol. XIV, 207-296
- Neue Folge der Vorlesungen zur Einführung in die Psychoanalyse. Vol. XV, 103

Freud, Sigmund: Briefe 1873-1939. Hg. Ernst und Lucie Freud. Frankfurt 1980 (Fischer)
Fromm, Erich: Haben oder Sein. Die seelischen Grundlagen einer neuen Gesellschaft. In: Gesamtausgabe Bd. II. Hg. Rainer Funk. Stuttgart 1980 (Deutsche Verlags-Anstalt), 269-413
Fromm, Erich: Psychoanalyse und Ethik. In: Gesamtausgabe Bd. II. Hg. Rainer Funk. Stuttgart 1980 (Deutsche Verlags-Anstalt), 1-157
Fromm, Erich: Vom Haben zum Sein. Wege und Irrwege der Selbsterfahrung. In: Gesamtausgabe Bd. XII. Stuttgart 1999 (Deutsche Verlags-Anstalt), 393-526

Galtung, Johan: Menschenrechte – anders gesehen. Übersetzung Georg Günther. Frankfurt 1994 (Suhrkamp)

Gracián, Baltasar: Hand-Orakel und Kunst der Weltklugheit. Übersetzt von Arthur Schopenhauer. Zürich 2006 (Diogenes)

Habermas, Jürgen: Erläuterungen zur Diskursethik. Frankfurt 1991 (Suhrkamp)

Heidegger, Martin: Der Ursprung des Kunstwerks. In: Ders., Holzwege. Frankfurt 1972 (V. Klostermann)

Homer: Odyssee. Stuttgart/Hamburg o. J. Übersetzung Johann Heinrich Voß. (Deutscher Bücherbund)

Hume, David: Of Impudence and Modesty. In: Essays. Moral, political and literary. Hg. E. F. Miller. Indianapolis 1985 (The Liberty Fund), 552-556

Husserl, Edmund: Erste Philosophie. In: Gesammelte Schriften. Hg. E. Ströker. Bd. 6. Hamburg 1992 (Meiner)

Jankélévitch, Vladimir: Das „Beinahe-Nichts". In: Das Verzeihen. Essays zur Moral und Kulturphilosophie. Hg. R. Konersmann. Übersetzung Claudia Brede-Konersmann. Frankfurt 2003 (Suhrkamp), 161-185

Jankélévitch, Vladimir; Berlowitz, Béatrice: Irgendwo im Unvollendeten. Übersetzung Jürgen Brankel. Wien 2008 (Turia + Kant)

Jankélévitch, Vladimir: Vorlesung über Moralphilosophie. Hg. F. Schwab. Übersetzung Jürgen Brankel. Wien 2007 (Turia + Kant)

Jonas, Hans: Das Prinzip Verantwortung. Versuch einer Ethik für die technologische Zivilisation. Frankfurt 1979 (Insel)

Jonas, Hans: Erinnerungen. Nach Gesprächen mit Rachel Salamander. Hg. Christian Wiese. Frankfurt 2003 (Insel)

Kafka, Franz: Ein Hungerkünstler. In: Erzählungen. Hg. M. Brod. Frankfurt 1986 (Fischer), 191-200

Kafka, Franz: Josephine, die Sängerin oder das Volk der Mäuse. In: Erzählungen. Hg. Max Brod. Frankfurt 1986 (Fischer), 200-216

Kant, Immanuel: Werkausgabe. Hg. W. Weischedel. Frankfurt 1974 (Suhrkamp):
- Versuch, den Begriff der negativen Größen in die Weltweisheit einzuführen. Bd. II, 779-819
- Kritik der reinen Vernunft. Bd. III und IV
- Grundlegung zur Metaphysik der Sitten. Bd. VII, 9-102
- Die Metaphysik der Sitten. Bd. VIII
- Die Religion innerhalb der Grenzen der bloßen Vernunft. Bd. VIII, 649-879
- Zum ewigen Frieden. Bd. XI, 195-251

Kant, Immanuel: Logik. In: Akademie-Ausgabe Bd. IX. Berlin 1968 (de Gruyter)

Kohlberg, Lawrence: Die Psychologie der Lebensspanne. Hg. W. Althoff, D. Garz. Übersetzung Detlef Garz. Frankfurt 2000 (Suhrkamp)

Kropmanns, Peter: Cézanne. Eine Biographie. Stuttgart 2006 (Reclam)

Laplanche, J., Pontalis, J.-B.: Das Vokabular der Psychoanalyse. Übersetzung Emma Moersch. Frankfurt 1973 (Suhrkamp)

Leonardo da Vinci: Der Nussbaum im Campanile. Hrsg. und übersetzt von Isolde Rieger. München 1991 (Deutscher Taschenbuch Verlag)

Lévinas, Emmanuel: Die Zeit und der Andere. Übersetzung Ludwig Wenzler. Hamburg 1975 (Meiner)

Lévinas, Emmanuel: Jenseits des Seins oder anders als Sein geschieht. Übersetzung Thomas Wiemer. Freiburg/München 1998 (Alber)

Lévinas, Emmanuel: Humanismus des anderen Menschen. Übersetzung Ludwig Wenzler. Hamburg 1989. Darin:
- Die Bedeutung und der Sinn, 9-59
- Humanismus und An-archie, 61-83

Lévinas, Emmanuel: Die Spur des Anderen. Hrsg. und übersetzt von W. N. Krewani. Freiburg/München 1998 (Alber)

Lichtenberg, Georg Christoph: Sudelbücher. In: Schriften und Briefe. Hg. F. Mautner. Bd. 1. Frankfurt 1992 (Insel)

Louden, Robert R.: Einige Laster der Tugendethik. In: K. P. Rippe und P. Schaber (Hg.), Tugendethik. Übersetzung Michael Sandhop. Stuttgart 1998 (Reclam), 185-208

Luhmann, Niklas: Wirtschaftsethik – als Ethik? In: J. Wieland (Hg.), Wirtschaftsethik und Theorie der Gesellschaft. Frankfurt 1993 (Suhrkamp), 134-147

Luhmann, Niklas: Die Unwahrscheinlichkeit der Kommunikation. In: Aufsätze und Reden. Hg. O. Jahraus. Stuttgart 2001 (Reclam), 76-93

Malka, Salomon: Emmanuel Lévinas. Eine Biographie. Übersetzung Frank Miething. München 2003 (Beck)

Margalit, Avishai: Ethik der Erinnerung. Max Horkheimer Vorlesungen. Übersetzung Reiner Stach. Frankfurt 20002 (Fischer)

McDowell, John: Wert und Wirklichkeit. Aufsätze zur Moralphilosophie. Übersetzung Joachim Schulte. Frankfurt 2002 (Suhrkamp)

Meister Eckehart: Deutsche Predigten und Traktate. Hrsg. und übersetzt von Josef Quint. Zürich 1979 (Diogenes)

Molière: Tartuffe. Übersetzung Reinhard Koester. Stuttgart 1973 (Reclam)

Montaigne, Michel de: Essais. 3 Bde. Übersetzung Johann Daniel Tietz. Zürich 1992 (Diogenes)

Nietzsche, Friedrich: In: Sämtliche Werke. Kritische Studienausgabe. Hg. G. Colli, M. Montinari. München 1980 (Deutscher Taschenbuch Verlag). Darin:

- Menschliches, Allzumenschliches. Bd. II
- Die fröhliche Wissenschaft. Bd. III, 343-651
- Zur Genealogie der Moral. Bd. V, 245-412

Onfray, Michel: Der Bauch der Philosophen. Kritik der diätetischen Vernunft. Übersetzung Eva Moldenhauer. Frankfurt/New York 1990 (Campus)

Platon: Sämtliche Dialoge. Hrsg. und übersetzt von Otto Apelt. 7 Bde. Hamburg 2004 (Meiner):

– Alkibiades der Erste. Bd. III
– Das Gastmahl. Bd. III
– Charmides. Bd. III
– Philebos. Bd. IV
Proust, Marcel: Auf der Suche nach der verlorenen Zeit. 3 Bde. Übersetzung Eva Rechel-Mertens. Frankfurt 2000 (Suhrkamp)
Rancière, Jacques: Das Unvernehmen. Politik und Philosophie. Übersetzung Richard Steurer. Frankfurt 2002 (Suhrkamp)
Ricoeur, Paul: Wege der Anerkennung. Erkennen, Wiedererkennen, Anerkennen. Übersetzung Ulrike Bokelmann und Barbara Heber-Schärer. Frankfurt 2006 (Suhrkamp)
Rilke, Briefe an einen jungen Dichter. Leipzig 1929 (Insel)
Rilke, Die Aufzeichnungen des Malte Laurids Brigge. In: Werke VI. Frankfurt 1987 (Insel), 705-978
Rousseau, Jean-Jacques: Emil oder Über die Erziehung. Hrsg. und übersetzt von Ludwig Schmidts. Paderborn 1983 (Schöningh)
Rousseau, Jean-Jacques: Über den Ursprung der Ungleichheit unter den Menschen. In: Schriften zur Kulturkritik. Hrsg. und übersetzt von Kurt Weigand. Hamburg 1983 (Meiner), 61-269
Sartre, Jean-Paul: Das Sein und das Nichts. Versuch einer phänomenologischen Ontologie. Übersetzung Justus Streller, Karl August Ott und Alexa Wagner. Reinbek 1962 (Rowohlt)
Scheler, Max: Wesen und Formen der Sympathie. Bonn 1923 (Friedrich Cohen)
Schopenhauer, Arthur: Der handschriftliche Nachlass. 5 Bde. Hg. Arthur Hübscher. München 1985 (Deutscher Taschenbuch Verlag)
Simmel, Georg: Psychologie der Diskretion. In: Gesamtausgabe Bd. VIII. Hg. A. Cavelli, V. Krech. Frankfurt 1993 (Suhrkamp), 108-115
Smith, Adam: Der Wohlstand der Nationen. Hrsg. und übersetzt von Horst Claus Recktenwald. München 1978 (Deutscher Taschenbuch Verlag)

Solon, zit. n.: Austin, Michel, Vidal-Naquet, Pierre: Gesellschaft und Wirtschaft im alten Griechenland. Übersetzung Andreas Wittenburg. München 1984 (Beck)

Spinoza, Baruch de: Die Ethik nach geometrischer Methode dargestellt. Hg. C. Gebhardt. Übersetzung Otto Baensch. Hamburg 1976 (Meiner)

Starobinski, Jean: Montaigne. Denken und Existenz. Übersetzung Hans-Horst Henschen. Darmstadt 1986 (Wissenschaftliche Buchgesellschaft)

Taureck, Bernhard H. F.: Emmanuel Lévinas zur Einführung. Hamburg 1997 (Junius)

Thoreau, Henry David: Walden oder Leben in den Wäldern. Übersetzung Emma Emmerich und Tatjana Fischer. Zürich 2004 (Diogenes)

Valéry, Paul: Descartes. In: Frankfurter Ausgabe in 7 Bänden. Hg. J. Schmidt-Radefeld. Bd. IV. Übersetzung Max Looser. Frankfurt 1989 (Insel), 14-35

Valéry, Paul: Leonardo, Drei Essays. Übersetzung Karl August Horst. Frankfurt 1960 (Insel)

Vasari, Giorgio: Lebensläufe der berühmten Maler, Bildhauer und Architekten. Übersetzung Trude Fein. Zürich 1974 (Manesse)

Vernant, Jean-Pierre: Die Entstehung des griechischen Denkens. Übersetzung Edmund Jacoby. Frankfurt 1982 (Suhrkamp)

Voltaire, Denkwürdigkeiten aus dem Leben des Herrn de Voltaire. In: Sämtliche Romane und Erzählungen. Bd. I. Übersetzung Hans Balzer. Birsfelden-Basel 1982 (Schibli-Doppler), XLIII-CXXVIII

Waldenfels, Bernhard: Das leibliche Selbst. Vorlesungen zur Phänomenologie des Leibes. Frankfurt 2000 (Suhrkamp)

Wittgenstein, Ludwig: Über Gewissheit. In: Werkausgabe. Frankfurt 1984 (Suhrkamp), Bd. VIII, 113-257

Patrick Spät

Der Mensch lebt nicht vom Hirn allein

Wie der Geist in den Körper kommt

ISBN 978-3-938880-46-3
Hardcover, 14 x 22 cm
248 Seiten, 19,90 EUR

„Wer sich mit dem Ursprung des Geistes beschäftigt, muss dieses Buch lesen. Ein ganz grandioses Bild der Brücke vom Geist zur Materie und zurück.“

Harald Lesch (Astrophysiker und ZDF-Moderator von „Abenteuer Forschung“)

Das Leib-Seele-Problem ist vertrackt: Wie kommt der Geist in den Körper? Und andersherum gefragt: Auf welche Weise kann unser Körper ein bewusstes Erleben hervorbringen? Dass die Neurowissenschaften uns diese Fragen nicht zufriedenstellend beantworten können, zeigt dieses Buch auf anschauliche Weise und präsentiert eine eigene, originelle Antwort.

Zur Auflösung des „Weltknotens“ zwischen Geist und Körper vertritt der Autor eine Position, die er auf den Namen „Gradueller Panpsychismus“ getauft hat: Die gesamte physische Wirklichkeit birgt geistige Eigenschaften. Geist in der Natur statt naturalisierter Geist. Und: Je komplexer ein Ding in physischer Hinsicht ist, desto komplexer ist es in geistiger Hinsicht. Die Lösungsvorschläge führen zu verblüffenden Einsichten.

Patrick Spät, Dr. phil., Studium der Philosophie, Soziologie und Neueren Deutschen Literaturgeschichte in Mannheim, Leipzig und Freiburg; 2010 Promotion in Philosophie an der Universität Freiburg. Spät lebt in Berlin und ist dort als Journalist tätig. Er hat u.a. für das *Philosophie Magazin* und *Psychologie Heute* geschrieben.